Freiburg Dissertations in Aegean Archaeology

Ornament und Bedeutung. Zur Motivik mittelminoischer Feinkeramik

Clemens Schmidlin

BAR International Series 2178
2010

Published in 2016 by
BAR Publishing, Oxford

BAR International Series 2178

Freiburg Dissertations in Aegean Archaeology
Ornament und Bedeutung. Zur Motivik mittelminoischer Feinkeramik

ISBN 978 1 4073 0728 2

© C Schmidlin and the Publisher 2010

The author's moral rights under the 1988 UK Copyright,
Designs and Patents Act are hereby expressly asserted.

All rights reserved. No part of this work may be copied, reproduced, stored,
sold, distributed, scanned, saved in any form of digital format or transmitted
in any form digitally, without the written permission of the Publisher.

BAR Publishing is the trading name of British Archaeological Reports (Oxford) Ltd.
British Archaeological Reports was first incorporated in 1974 to publish the BAR
Series, International and British. In 1992 Hadrian Books Ltd became part of the BAR
group. This volume was originally published by Archaeopress in conjunction with
British Archaeological Reports (Oxford) Ltd / Hadrian Books Ltd, the Series principal
publisher, in 2010. This present volume is published by BAR Publishing, 2016.

Printed in England

PUBLISHING

BAR titles are available from:

          BAR Publishing
          122 Banbury Rd, Oxford, OX2 7BP, UK
EMAIL   info@barpublishing.com
PHONE +44 (0)1865 310431
FAX   +44 (0)1865 316916
          www.barpublishing.com

Gliederung

Vorwort 3

I. Hinführung 4
   I.1. Materialgrundlage 5
   I.2. Forschungsgeschichte 5
   I.3. Eigener Ansatz 8

II. Gefäße und Motive 10
   II.1. Gefäße 10
   II.2. Motive 10
      II.2.a. Gefäßbezogener Charakter 11
         "Horizontallinie"-Motiv 11
         "Wellenband"-Motiv 11
         "Geschwungenes Dreieck"-Motiv 12
      II.2.b. Darstellender Charakter 12
         Erkennbare zoomorphe Motive: 12
         "Menschengestalt"-Motiv 12
         "Wildziege"-Motiv 13
         "Frosch"-Motiv 13
         "Oktopus"-Motiv 13
         "Argonaut"-Motiv 14
         "Delphin"-Motiv 14
         "Fisch"-Motiv 14
         "Muschel"-Motiv 15
         Erkennbare vegetabile Motive: 16
         "Blüte"-Motiv 16
         "Blütenrad"-Motiv 17
         "Halbblüte"-Motiv 17
         "Rosette"-Motiv 17
         "Zweig"-Motiv 17
         "Ranke"-Motiv 18
         "Blattbündel"-Motiv 18
         "Blätter"-Motiv 18
         "Keim"-Motiv 19
         "Palme"-Motiv 19
         "Lilie"-Motiv 20
         "Krokus"-Motiv 20
         "Strandnarzisse"-Motiv 20
         "Myrte"-Motiv 21
         "Pflanze"-Motiv 21
         Erkennbare sächliche Motive: 22
         "Kanne"-Motiv 22
         "Doppelaxt"-Motiv 22
      II.2.c. Vergegenständlichter Charakter 22
         "Wasser"-Motiv 23
      II.2.d. Verweisender Charakter 23
         "S-Form"-Motiv 24
         "Rundschild"-Motiv 24
         "Kreis mit Lappen"-Motiv 24
      II.2.e. Syntaktischer Charakter 25
         "Laufende Spirale"-Motiv 25
         "Verbindungslinie"-Motiv 26
         "Girlande"-Motiv 26

Gliederung

II.2.f. Akzentuierender Charakter 26
    "Rote Ader"-Motiv 26
    "Rote Scheibe"-Motiv 27
II.2.g. Materialnachahmender Charakter 28
    "Koralle"-Motiv 28
    "Kordel"-Motiv 29
    "Ringkette"-Motiv 29
    "Spirale mit Dreiecksfläche"-Motiv 29
    "Schachbrett"-Motiv 30
    "Band mit Punkten"-Motiv 30
II.2.h. Anzeigender Charakter 30
    "Zweifarbige Scheibe"-Motiv 30
    "Halbbogen mit Strichen"-Motiv 31
    "Hängende Spirale"-Motiv 31
    "Zwei Kreise"-Motiv 31
    "Bögen"-Motiv 32
    "Gepunkteter Kreis"-Motiv 32
    "Lappen"-Motiv 32
II.3. Abschluss des Katalogs und erste Thesen 33

III. Spiel: Selbst- und Fremdreferenzialität von Motiv und Gefäß 35

III.1. Materialnachahmung 35
III.2. Fremdmaterialnutzung 35
III.3. Der Gefäßkörper als Motiv 36
III.4. Das Gefäß als Motiv 36
III.5. Das Auszugießende als Motiv 36

IV. Symbol: der bedeutende Gehalt von Motiv und Gefäß 37

IV.1. Zierrat und Zeichen 37
IV.2. Der Korallen-Rebus 37
IV.3. Der doppelte Verweis 38
IV.4. Rot als Akzentfarbe 38
IV.5. Themenfeld Wachstum 38

V. Symmetrie: der ornamentale Gehalt von Motiv und Gefäß 40

V.1. Ornament als Vervollständigung 40
V.2. Natürliche Symmetrien scheibengedrehter Gefäße 40
V.3. Natürliche Symmetrien von Naturvorbildern 41
V.4. Strategien der Umsetzung: Rhythmisierung, Synchronisierung, Auflockerung 41
V.5. Symmetrie als Bindeglied zwischen Gefäß und Motiv 42

VI. Abschluss 43

Zusammenfassung in deutscher Sprache 45
English abstract 46
Résumé en langue française 47
Riassunto in italiano 48
Περίληψη στα Ελληνικά 49

Literaturverzeichnis 51

Abbildungsnachweise 55

Übersicht der benannten Motive 58

Tafeln 61

Vorwort

Bei der hier vorgelegten Arbeit handelt es sich um eine leicht überarbeitete, in ihrer zentralen Argumentation noch einmal präzisierte Fassung meiner Dissertation, welche ich im Wintersemester 2003/04 an der Albert-Ludwigs-Universität Freiburg eingereicht habe.

Zahlreiche Menschen haben mir beim Verfassen dieser Arbeit hilfreich zur Seite gestanden. Mein Doktorvater Gerhard Hiesel begleitete die Entstehung dieser Arbeit mit großem Interesse, viel Wohlwollen und aller Hilfsbereitschaft bei organisatorischen und inhaltlichen Fragen. Zweitkorrektor Volker-Michael Strocka möchte ich für die während seiner Ägide am Freiburger Archäologischen Institut zahlreich vorhandenen Anregungen zu einem intensiven und vielseitigen Studium danken. Die Graduiertenförderung des Landes Baden-Württemberg unterstützte mich mit einem Promotionsstipendium und mit der Finanzierung eines mehrwöchigen Forschungsaufenthalts auf Kreta. Ein weiterer mehrwöchiger Aufenthalt auf Kreta sowie ein Sprachkurs wurden mir durch den Deutschen Akademischen Austausch Dienst ermöglicht.

Am Archäologischen Museum Herakleion ermöglichten mir Alexandra Karetsou, Maria Vlazaki und Elini Banou den Zugang zu Objekten im Depot. Vincenzo La Rosa und Filippo Maria Carinci hießen mich im Stratigraphischen Museum Phaistos willkommen, in Knossos ermöglichten mir David Blackman, Amalia Kakkisis und Eleni Hatzaki den Zugang zum dortigen Stratigraphischen Museum. Am Deutschen Archäologischen Institut Athen halfen mir Wolf-Dieter Niemeier, Katja Sporn und Katharina Flämig durch ihr Interesse, die Nutzungsmöglichkeit der Bibliothek und Tipps zur Planung der Forschungsreisen. Wertvolle Hilfe bei den Kontaktaufnahmen vor Ort erhielt ich von Mara Zatti, Bettina Kreuzer und Euridice Kephalidou. Im Rahmen von Vorträgen in archäologischen Kolloquien in Bonn, Freiburg, Köln und München hatte ich die Chance, meine Überlegungen in anregender Atmosphäre vorzustellen und zu diskutieren.

Das Lektorat für die 2004 abgegebene Fassung übernahmen Jens Awe, Sigrid Hünewinkel und Christoph Müller, das für die hier vorliegende Fassung Melanie Eichhorn, Simon Hoffmann und Johanna Willner. Simon Hoffmann half auch bei der Formatierung insbesondere des Tafelteils. Die Übersetzungen der Zusammenfassung lagen in den Händen von Martin Beckmann (englisch), Lionel, Leo und Jacques Markus (französisch), Mara Zatti (italienisch) und Eleni Kalogeroudi (griechisch). Den British Archaeological Reports danke ich für die Aufnahme in die Reihe der Freiburg Dissertations in Aegean Archaeology, David Davison von BAR besorgte zuvorkommend die Drucklegung. Emanuele Greco von der Scuola Archeologica Italiana di Atene erlaubte großzügig die Reproduktion zahlreicher Aquarelle und Photographien der italienischen Grabung in Phaistos, darüber hinaus wurde mir von Vincenzo La Rosa (Phaistos), Eleni Hatzaki (Knossos) und Maria Vlazaki (Archäologisches Museum Herakleion) die Erlaubnis gegeben, eigene Photographien anzufertigen und hier zu verwenden.

Allen Genannten gilt mein herzlicher Dank.

Gewidmet ist diese Arbeit meinen Eltern.

Die geschichtlichen Einflüsse aufzuhellen ist in den meisten Fällen ein hoffnungslos dunkles Geschäft, das sich nur betreiben lässt, indem man der Geschichte Gewalt antut. Doch diese Frage nach dem "Woher?" lässt sich auch noch in anderem Sinne stellen. Nämlich so: "Aus welchen Bewusstseinsvorgängen? Wo zeigten sich diese Vorgänge in ihrer rohen Ursprünglichkeit? Wo sind sie am auffälligsten?"   Pawel Florenski

I. Hinführung

Die Beschäftigung mit der Motivik mittelminoischer Feinkeramik nahm für den Autor ihren Anfang mit dem Pithos HM 10679[1] (TAFEL X,4) und dessen vierfach wiederholter Darstellung einer kreisenden Bewegung von einem Fisch[2] und einem gebogenen, lappenförmigen Motiv. Anhand eines überraschend weiten Spektrums von in der Fachliteratur vorgeschlagenen Interpretationen bezüglich des Lappens[3] zeigte sich eine grundsätzliche Unsicherheit der Forschung bezüglich der Lesart der Darstellung.

Da es sich bei Fisch und "Lappen" um ein zur Hälfte erkennbar darstellendes Motiv handelt, drängt es, auch die andere Hälfte des Motivs zu verstehen. Denn selbst wenn man eine Kohärenz des Bildraums nicht grundsätzlich voraussetzt: Die direkte Berührung und die organische Bezogenheit der Hälften aufeinander lässt das zweite Motiv auf der gleichen Realitätsstufe wie den Fisch suchen. Methodische Bedenken bezüglich der Einmaligkeit des Motivs übergehend, fand der Autor für sich eine vorläufige Erklärung der Darstellung im Stechrochen[4]: Die Größenverhältnisse zum Fisch, das Unstoffliche des Rochens in weißer Farbe, die Schraffur entsprechend der Lage der Parapodien, auch die Art, wie Stechrochen mit dem Stachel ihre Opfer töten, all das wäre gelungen dargestellt.

Durch weitere Beschäftigung mit der Motivik mittelminoischer Feinkeramik ergab sich aber, dass zur sicheren Einschätzung einer einzelnen Darstellung unser methodisches Handwerkszeug nicht ausreicht. So schien es dem Autor sinnvoll, auf breiter Materialbasis der Frage nach dem Bedeutungsspektrum mittelminoischer Keramik und ihrer Motive nachzugehen. Dies führte zu den in dieser Arbeit vorgelegten Überlegungen zur Ikonographie der älteren Palastzeit auf Kreta. Dass bei mittelminoischer Motivik überhaupt von einer Bedeutung jenseits des Dekorativen ausgegangen werden muss, erwies sich als in der Forschung umstritten, war für diese Arbeit aber Grundlage aller weiteren Überlegungen, da sich das Missverständnis eines "abstrakten" Charakters der mittelminoischen Motivik ausräumen und forschungsgeschichtlich erklären ließ.

Kein eigener Lösungsvorschlag des Autors also für die einzigartige Darstellung auf dem Pithos HM 10679. Dafür wird im Folgenden ein Panorama der mittelminoischen Motivik entworfen und auf breiter Materialbasis ihren Ausdrucksformen nachgegangen. Zentrum dieser Arbeit bildet die Frage nach der antiken Wahrnehmung der bemalten Tongefäße und ihrem Dekor in den ersten Jahrhunderten des zweiten Jahrtausends vor unserer Zeitrechnung. Diese Wahrnehmung des antiken Betrachters ist natürlich unwiederbringlich verloren und nicht imitierbar; aber eine Hypothese der Art, wie Urheber und Zeitgenossen die minoische Keramik betrachtet haben, lässt sich erarbeiten.

Dabei schien es sinnvoll, gerade bei einer Kultur, die aufgrund heute fehlender schriftlicher Selbstzeugnisse schon mehrfach Opfer von Überinterpretationen geworden ist, von alles abgleichenden Querverweisen zu gleichzeitigen anderen Kulturen und deren Vorstellungswelten abzusehen. Andere Materialgruppen der gleichen Kultur wurden in begründeten Ausnahmefällen argumentativ herangezogen, nämlich dann, wenn die unterschiedlichen medialen Voraussetzungen für den Grund des Vergleichs ohne Relevanz waren. Die mittelminoische Feinkeramik bietet von sich her gute Vorraussetzungen für einen Einblick in die so genannte Ältere Palastzeit auf Kreta: Als Gruppe aus elitärem Kontext, von hoher handwerklicher Qualität, bei aller Eigenständigkeit eines jeden Stückes oder Sets doch auf ein begrenztes Bildvokabular zurückgreifend, in einer Kontinuität von mehreren Generationen überliefert und trotz ihres ornamentalen Gehalts motivisch immer wieder durch Ähnlichkeit zu Naturvorbildern inhaltlich erschließbar.

---

[1] Pithos HM 10679 (TAFEL X,4): F. 1898 - Levi (1957) 296, Farbtafel III; Marinatos - Hirmer (1973) Farbtafel XI; Levi (1976) 227, Tafel 168b und Farbtafel LXXIII; Walberg (1976) Motiv 25,(v),5; Betancourt (1985) Tafel 11F und 11G; Walberg (1986) 17f., fig.12; Schiering (1992), 4; Schiering (1998) Farbtafel III. Zu den verwendeten Abkürzungen siehe Anmerkung 5.

[2] Zum Motiv des Fischs ausführlicher Seite 14.

[3] In der Erstpublikation von Pithos HM 10679 spricht Levi (1957) 296 von einer "decorazione di un giro di grandi pesci natanti, ciascuno con un racemo terminante a rete uscente dalla bocca". Walberg (1976) ordnet Fisch und Lappen bei den "radiating and whirling motifs" ein. Nach Walberg (1986) 17f. handelt es sich um einen Fisch "with a net emerging from its mouth", Fisch und Netz sind ihr zufolge auf der Basis des "petaloid loop" aufgebaut. Schiering (1992) 4 vermutet, es handle sich um eine "Schwimmblase", die den Klang dieses "Märchenfisches" wiedergibt. Weitere Interpretationen: Marinatos - Hirmer (1973) 114 ("großer Fisch über der Schlinge eines Netzes"); Betancourt (1985) Tafel 11F und 11G ("dolphin").

[4] Ovalförmiger Stechrochen aus der Gattung der Myliobatoidei, kretisch: Salachi. Eine Erwähnung des gemeinen Stechrochens findet sich auch bei Dioskurides (1902) 159 (Zweites Buch, Kapitel 22). Eine zweite – ebenfalls unhaltbare – Interpretation als Mundbrüter findet sich in Kapitel VI.

I. Hinführung

I.1. Materialgrundlage

Materialgrundlage der Arbeit sind alle gut 300 feinkeramischen bemalten Gefäße mittelminoischer Zeit auf Kreta, welche im Original zugänglich waren, ergänzt um zahlreiche bestätigende und weiterführende Vergleiche in Keramik und gelegentlich anderen Materialien[5]. Die zwangsläufige Beschränkung auf Erhaltenes, Ergrabenes, Publiziertes, Ausgestelltes und Gesehenes lässt methodisch natürlich keine Statistiken zu, aber doch ein Arbeiten in der Summe. Um so mehr gilt dies, da die meisten der ausgestellten Stücke auch die besser erhaltenen, qualitätvolleren, aufwändiger bemalten und somit für die zu klärenden Fragen aussagekräftigen Stücke sind. Zur Seite gestellt wurden den im Original gesehenen Gefäßen die publizierten Abbildungen vor allem aus den Monumentalwerken der italienischen Grabung in Phaistos und der englischen Grabung in Knossos[6].

Der größte Teil der hier besprochenen Gefäße stammt aus palatialem Kontext der Stilstufe Mittelminoisch II und gehört der so genannten "Kamares"-Ware an. Erkennbar sind diese Gefäße von hoher keramischer Qualität an ihrem dunklen Firnisgrund und dem häufig polychromen Auftrag mit ornamental gefassten Pflanzen- und Tierdarstellungen in komplexem syntaktischem Aufbau. Ihren Namen trägt die "Kamares"-Ware nach ihrem ersten Fundort, der Kamares-Höhle auf der Südseite des Ida-Gebirges in Zentralkreta (TAFEL I,1). Die dort gefundenen, schlecht erhaltenen Gefäße spielen heute im Gesamtbild mittelminoischer Feinkeramik eine untergeordnete Rolle. Vorübergehend wurde der Begriff "Kamares" für die gesamten keramischen Hinterlassenschaften der älteren Palastzeit verwendet, heute wird er meist einschränkend benutzt zur Bezeichnung der Gefäße aus den Palastzentren Phaistos und Knossos. Man vermutet das Zentrum der "Kamares"-Produktion in den Werkstätten von Phaistos, dem Palast in der fruchtbaren Messara-Ebene im Süden Zentral-Kretas, wo man die meisten und qualitätvollsten Stücke mittelminoischer Feinkeramik fand und findet[7] (TAFEL I,2).

I.2. Forschungsgeschichte

Die folgende Darstellung der Forschungsgeschichte beschränkt sich auf die für diese Arbeit relevante Frage, ob und wie die antike Wahrnehmung der Motivik mittelminoischer Feinkeramik thematisiert wurde[8].

Nach der Entdeckung der ersten mittelminoischen Gefäßfragmente in der Kamares-Höhle am Ende des 19. Jahrhunderts[9] stand – neben dem Erstaunen ob der Indizien für eine gar noch vor der auch erst vor kurzem wieder entdeckten mykenischen Epoche liegenden Kultur – erst einmal der Versuch einer chronologischen und stilistischen Verortung im Vordergrund.

Schon früh aber wurde auf der Basis dieser ersten Verortungen und des noch spärlichen Materials der Frage nach der Bedeutung der Ornamente und ihrem Entwicklungsgang nachgegangen. Edith Hall schuf mit ihrem Artikel "The decorative Art of Crete in the Bronze Age" (1905) die Kategorien, nach denen das minoische Motivmaterial über ein Jahrhundert hin klassifiziert und auch verstanden wurde – auch wenn die genannte Autorin häufig nicht mehr in den Literaturverzeichnissen auftaucht. Hall gliederte die Motive in zwei Hauptgruppen, den "imitative designs" und den "non-imitative designs". Die erste Gruppe wiederum gliederte sie in reine Naturmotive, in konventionale Motive, in konventionalisierte Motive und in sakrale Motive. Die zweite Gruppe ist schlicht unterteilt in einfache und komplizierte nicht-imitierende Motive. Was sich in den Jahrzehnten der nachfolgenden Forschungen an diesen Kategorien änderte, waren die Gewichtungen.

Die strukturalistische Forschung in Anlehnung an Friedrich Matz (1928) – und im Gleichschritt mit den Forderungen der zeitgenössischen Kunst – widmete sich vor allem den Fragen der Kompositionen auf den Gefäßen, womit alle Motive, auch die "imitative designs", der Herangehensweise an die "complicated non-imitative designs" unterworfen wurden. So etwa bei Antonis Zois (1968), dessen Ausführungen anhand beispielhaft herangezogenen Materials vor allem der Klärung der Entwicklungsstufen der Keramik vor und während der mittelminoischen Zeit gewidmet sind; seine sprachlich feinen Beschreibungen sind maßgeblich geprägt von der Vorstellung medienimmanenter Entwicklungsstränge der

---

[5] Neben dem Archäologischen Museum Herakleion und dem dortigen Depot (abgekürzt HM für Herakleion Museum) konnte das die Arbeit direkt oder indirekt betreffende Material der folgenden Museen und Grabungsmagazine im Original gesehen werden: Chania, Rethimnon, Agios Nikolaos, Sitia, Hierapetra, Nationalmuseum Athen, sowie Stratigraphisches Museum Phaistos (Fundnummer abgekürzt F. für Festos), Stratigraphisches Museum Knossos (Aufbewahrungsnummer abgekürzt KSM für Knossos Stratigraphisches Museum). Nicht im Original gesehen wurden die Stücke im Ashmolean Museum Oxford (abgekürzt AM. AE).
[6] Phaistos: Pernier (1935); Pernier - Banti (1951); Levi (1976). Knossos: Evans I-IV (1964); MacGillivray (1998).
[7] Die Lage der Töpferöfen für die "Kamares"-Ware ist bis heute ungeklärt. Siehe dazu Carinci (1997) 317ff.

[8] Die pointierten Äußerungen versuchen jeweils den Kern der Forschungen in ihrem Verhältnis zur Frage der antiken Wahrnehmung zu treffen, sind aber in keiner Weise als grundsätzlicher Zweifel an Integrität und Detailkenntnis der genannten Forscher zu verstehen.
[9] Erstpublikationen erfolgten durch Mariani (1895) und Myres (1895).

I. Hinführung

kompositorischen Konzeptionen und weniger von der Frage nach der Bedeutung der Motive[10].

Eine andere Gewichtung erhielt das Konzept von Hall bei Arne Furumark (1939), der sich unter bewusster Abgrenzung zum antiken Blick[11] – neben Vorschlägen zur Kategorisierung minoisch-mykenischer Dekorationssysteme – der Systematisierung der Motive notfalls auch in Reduzierung auf ihren geometrischen Grundgehalt widmete. Vor allem seine Darstellungsform der Motiv-Listen, die gemäß der Hallschen Kategorien in verschiedene Grade der Naturnachahmung unterteilt sind, wurde vielfach adaptiert.

Beeinflusst von den genannten Forschungsrichtungen, aber in ihren Hauptfragen unabhängig davon, wurden zudem die stilgeschichtliche und die grabungsarchäologische Forschung weitergeführt. Diesen ist mit den anderen genannten gemeinsam, dass die Frage nach der antiken Bedeutung der mittelminoischen Keramik in den Hintergrund trat[12].

Die Hallsche Kategorie der "sacral designs" verlor somit an Wichtigkeit. Einzig religionswissenschaftliche Untersuchungen nutzten die Gefäße mit vermuteter sakral motivierter Darstellung als Informationsträger zur Bestätigung ihrer Theorien[13]. Andere Forscher nahmen ohne größeren Reflektionsvorgang ihre eigenen Vorstellungen, Assoziationen und Empfindungen beim Anblick minoischer Kunst als ungebrochenen Spiegel antiker Intention[14].

Tatsächlich zu der Frage der antiken Wahrnehmung mittelminoischer Tongefäße haben sich in erster Linie Gisela Walberg und Wolfgang Schiering geäußert. Beide haben über Jahrzehnte hinweg immer wieder Arbeiten zu Aspekten gerade der mittelminoischen Motivik vorgelegt. Walbergs Darstellungen, begonnen mit ihrer Dissertation zur palatialen "Kamares"-Ware (1976), fortgeführt durch die Erweiterung um die provinziellen Gefäße (1983), ergänzt durch Artikel und abgerundet durch eine Einführung in die Themenkreise zur minoischen Ikonographie (1986), sind maßgeblich geprägt durch ihren Lehrer Furumark und damit von dem Ansatz einer Typologisierung der Motive. Bei Schiering, der sich von Beginn seiner wissenschaftlichen Arbeit an mit den minoischen Naturdarstellungen beschäftigte (1960) und seine Herangehensweise an die Tongefäße minoischer Zeit und ihren Dekor (1998) noch einmal in Breite und Summe vorgelegt hat, ist die klassisch archäologische Stilanalyse als Heimat unverkennbar.

Beide haben allerdings ihren methodischen Ansatz jeweils psychologisierend umgedeutet. Diese Form der Subreption aber führt zu Missverständnissen, die zu einer grundlegend bizarren Sicht auf die Motivik mittelminoischer Feinkeramik geführt haben im Hinblick auf ihre antike Wahrnehmung. Folgende Prämissen werden von ihnen zugrunde gelegt: zum ersten die Vorstellung, dass es in der Selbstwahrnehmung der antiken Künstler etwas darstellungstechnisch zu Übendes gäbe, was wir anhand der stilistischen Entwicklung dann nachvollziehen könnten. Zum zweiten, dass Motive, die wir nicht erkennen können, auch für den antiken Betrachter keine Bedeutung gehabt haben. Zum dritten, dass Motive nur zufällig sich zu Erkennbarem vereinen. Und schließlich viertens, dass der Entwicklungsgang der einzelnen Motive im Abstrakten seinen Anfang genommen habe, um sich schrittweise der abbildhaften Naturdarstellung anzunähern.

Zur Diskussion der ersten These, es gäbe in der Selbstwahrnehmung der antiken Künstler etwas zu Übendes werden hier einige Oktopoden-Darstellungen[15] herangezogen.

Der Oktopus auf Brückenskyphos HM 10104[16] (TAFEL VI,1) ist nach Schiering noch ein "unbestimmtes Ornament"[17], die Darstellung auf der Tasse HM 19188 (TAFEL XIV,5) ein "noch nicht zu benennendes Ornamentwesen". Erst bei der Darstellung auf dem Brückenskyphos F. 2410[18] (TAFEL VIII,4) ist dank der Augen "die Absicht des Malers [...] eindeutig genug zum Ausdruck gebracht". Für jene letztgenannte Darstellung wird von Schiering

---

[10] Aufschlussreich hier das Entwicklungsmodell von Zois (1968) Abbildung 4 zum "Papyrus". Feststellungen wie Zois (1968) 302 "Die gemalte Scheibe ist die flächenhafte Steigerung eines Punktes." bleiben weiterhin unwiderlegt. Gleichzeitig steht die Frage im Raum, ob ein stark strukturalistisch geprägter Zugang zum Material nicht manches Mal das Herausstellen des tatsächlich Einzigartigen eines Gefäßes verhindert.
[11] Furumark (1941) 6: "The categories which we apply are dependent on modern thought, and we have no right to assume that the ancients looked at things in the same way as we do - it is, in fact, more probable that they did not."
[12] Als Beispiel Stürmer (1992), der im Nachvollzug der Grabungsergebnisse von Phaistos, Knossos und Mallia und mit Hilfe von Gefäßform- und Motivanalyse der Frage einer sinnvollen stilistischen Einteilung der mittelminoischen Zeit nachgeht, für den aber die Frage der Bedeutung der Motive in den Hintergrund rückt. So ordnet Stürmer (1992) 161 "zur Vermeidung einer weiteren Kategorie" nichtpflanzliche Naturmotive bei der Kategorie "vegetabil" ein.
[13] Vergleiche etwa Pöttscher (1990).
[14] Als Beispiel Praschniker (1921) 7 und Tafel 12a: "Die Stimmung eines Wintertages, auf dem kleinen Raum eines Siegels sparsamst ausgedrückt durch drei entlaubte, vom Wintersturm gebeugte Bäume, ist schon von ihnen empfunden worden." Man beachte das "schon" und verwende die obige Beschreibung für Caspar David Friedrichs "Klosterkirchhof im Schnee" von 1819 (Abbildung in Zeitler (1990) Tafel 8).

[15] Zum Motiv des Oktopus ausführlicher Seite 13.
[16] Brückenskyphos HM 10104 (TAFEL VI,1): F. 383 - Levi (1976) 367f., Farbtafel XXXVIa; Walberg (1976) Abbildung 11a; Betancourt (1985) Tafel 11A; Schiering (1998) Tafel 13,3.
[17] Schiering (1998) 193f. für dieses und alle weiteren Zitate in diesem Abschnitt.
[18] Brückenskyphos F. 2410 (TAFEL VIII,4): die HM-Inventarnummer ist nach Levi gelöscht oder unlesbar - Levi (1976) 454, Tafel 107i und Farbtafel XXXVIb; Schiering (1998) Tafel 13,2.

I. Hinführung

die Formulierung "Ur-Oktopus" gewählt, um die Darstellung als Frühform des eigentlichen Motivs, das seinen Höhepunkt erst in der Stilstufe Spätminoisch I feiert, zu kennzeichnen. Das gleiche Schicksal ereilt "Ur-Argonauten" und weitere Vor- und Frühformen von Motiven: Sie nehmen von "ersten suchenden Anfängen" ihren Weg "über die Verwirklichungen" hin "zu den Abstraktionen der späten Vasenmalerei".

Über eine einfühlsame Stilgeschichte, welche rückblickend die Hauptlinien der Entwicklung minoischer Motivik nachzeichnet, hinaus wird von Schiering explizit etwa – wie schon zitiert – von den "Absichten des Malers" gesprochen. Damit ist deutlich die Grenze zu einer Stilpsychologie übertreten, welche den eigenen Überblick über chronologisch sortierte Formen minoischer Kunstäußerung mit den möglichen antiken Wahrnehmungen vertauscht. Tatsächlich darf das, was sich dem modernen Blick motivisch erst später erschließt, nicht unbedacht auf eine frühere Zeit projiziert werden. Andererseits aber müssen die Kriterien, wann ein Motiv für einen antiken Betrachter als erkennbar bezeichnet werden kann, unabhängig von modernen, naturwissenschaftlichen oder stilistischen Sichtweisen festgelegt werden.

Am Beispiel der Oktopoden-Darstellungen heißt dies: Es finden sich auf den genannten Gefäßen drei Beispiele eines Motivs, das aufgrund seiner wiederholten Darstellung und seiner jeweils vorhandenen Ähnlichkeit zu einem Meeresbewohner als "Oktopus"-Motiv bezeichnet werden kann.

Nun liegt der zweite Schritt nahe: Auch Motive, die dem modernen Auge nichts Erkennbares darstellen, also in der bisherigen Forschung unter die Klasse der nicht imitierenden Motive gefallen sind, waren unter Umständen für den antiken Betrachter mit einer Bedeutung verknüpft. Dem widerspricht die bisherige Vorstellung, dass das, was wir nicht erkennen können, auch nichts bedeutet. Am Beispiel einiger Darstellungen mit Palme[19] und zweifarbiger Scheibe[20] soll diese Frage diskutiert werden.

Auf der Kanne HM 5837[21] (TAFEL IV,3) ist neben der Palme ein Motiv aus zwei konzentrischen Scheiben, die äußere weiß, überdeckt von der roten inneren, angebracht. Das Motiv wird hier heuristisch als "Zweifarbige Scheibe"-Motiv bezeichnet. Zumeist in der Kombination mit Palmendarstellungen findet es sich auf zahlreichen Stücken – hier sei nur auf vom Autor angeordnete Fragmente der Kassette 45/14 der typologischen Sammlung des Stratigraphischen Museums Phaistos (TAFEL I,3) verwiesen. Die Wiederholung immer der gleichen Kombination legt nahe, für den antiken Betrachter eine Bedeutung anzunehmen. Das Motiv hatte in antiker Wahrnehmung einen wie auch immer gearteten anzeigenden Charakter.

Für die Forschung war es aber bisher nicht die Frage, ob nicht gegenständlich Erkennbares für den Betrachter eine Bedeutung gehabt haben kann. Vielmehr offenbart sich hier das dritte Missverständnis in der vom Prinzip her fragwürdigen Prämisse, wonach das, was gegenständlich erkennbar ist, es vielleicht nur versehentlich ist.

So ist das Motiv auf der Kanne HM 5837 in der Vorstellung von Walberg zuerst einmal nicht die Darstellung einer Palme, sondern setzt sich zusammen aus antithetischen J-Spiralen, die zu einer Palme "piktorialisiert" wurden. Ihr Lehrer Furumark unterscheidet explizit zwischen der antiken Wahrnehmung und seinen eigenen Kategorien[22]. Für Walberg aber ist das eigene Ordnungssystem, nämlich das abstrakte Motiv-Atom die antike Denkeinheit.

Es handelt sich hier um ein grundlegendes Missverständnis über die Frage nach Realitätsgraden. Die Hallschen Kategorien werden bei Walberg (1976) folgendermaßen umgedeutet: Die "non-imitative designs" sind nun die Grundlage aller Motive; sie werden unterschieden in "single", "combined" und "elaborate". Auf dieser Grundlage können Motive nun durch Kombination "pictorialized" werden. "Pictorial motifs" sind jene, die sich einer Reduktion auf Grundformen wie "Lappen", "Spirale" oder "Kreis" entziehen und darstellend erkennbar sind. Eine Übersichtstabelle über die Motivkategorien[23] zeigt die Willkür, mit der vorgegangen werden muss, damit das Material ins Schema passt. Neben vielen Leerstellen in den ersten Kategoriefeldern bleibt zum Beispiel unverständlich, warum das Blüten-Motiv[24] in einem Fall kombiniert, im zweiten elaboriert und im dritten dann piktorialisiert sein soll.

Walberg (1986) formuliert einen neuen Ansatz der alten Unterscheidung des "Piktorialen" und des "Piktorialisierten"[25]: Unterscheidungskriterium ist nun, in welchem Bezug das Motiv zum Gefäß steht. Ohne Frage ist dies eine hilfreiche Differenzierung zum besseren Verständnis des Verhältnisses von Gefäß und Motiv. Denn die "Kamares"-Ware zeichnet sich dadurch aus, in den meisten Fällen einen Bezug von Bildraum und Gefäßkörper herzustellen. Der neue Ansatz der Unterscheidung hilft aber nicht, die Motive selbst zu verstehen. Denn das hieße, dass das piktorialisierte "Blütenrad"-Motiv auf der Amphore

---

[19] Zum Motiv der Palme ausführlicher Seite 19.
[20] Zum Motiv der zweifarbigen Scheibe ausführlicher Seite 30.
[21] Kanne 5837 (TAFEL IV,3): Pernier (1935) Farbtafel XXXI; Schiering (1998) Tafel 9,1.

[22] Siehe oben Zitat Anmerkung 11.
[23] Walberg (1976) Abbildung 51 und 52.
[24] Walberg (1976) Abbildung 52 Mitte.
[25] Walberg (1986) 9.

HM 5835[26] (TAFEL IX,2) eine andere Bedeutung hätte als das in unseren Augen ungeschickt und damit piktorial auf die Tasse mit Knick HM 10180[27] (TAFEL XIV,3) eingebrachte "Blütenrad"-Motiv. Was des weiteren auch der neuen Definition von "pictorial" und "pictorialized" natürlich anhaftet, ist, dass sie weiterhin die Vorstellung eines "Piktorialisierungs"-Prozesses von "J-Spiralen" hin zur Palme impliziert[28].

Trotzdem haben nach Walberg (1992) auch einige der erkennbaren Pflanzenmotive eine besondere und in manchen Kontexten vermutbare religiöse Bedeutung für die antiken Betrachter[29].

Grundlage der drei besprochenen Missverständnisse ist eine vierte, ideologische Setzung, die ihre Kreise weit über die Archäologie hinaus gezogen hat, nämlich die Vorstellung, dass der Weg menschlicher Kulturäußerung von abstrakt zu gegenständlich gehe. Ernst Worringers "Abstraktion und Einfühlung" (1911) sei hier als deutschsprachiges Beispiel genannt. Der stilpsychologische Entwurf von den abstrakt-ängstlichen Ägyptern umgeben von einer feindlichen Umwelt und den einfühlsamen Griechen in menschengerechter Natur begeisterte damals Künstler und Kulturschaffende[30]. Unabhängig davon, dass die uns heute bekannten ältesten Funde menschlicher Kunstäußerung figürlicher – und damit gegenständlicher – Art sind: Wir sind auf Kreta im frühen 2. Jahrtausend v. Chr. längst nicht mehr an möglichen ersten Versuchen einer Kunstäußerung. Vielmehr finden wir eine faszinierend differenzierte und ausgeklügelte, im künstlerischen Ausdruck höchst sensibel die verschiedenen Medienträger berücksichtigende Herangehensweise vor.

Dass der geschichtliche Rückblick auf die von uns so genannte minoische Kultur eine Wellenbewegung auf der Skala von äußere Natur abbildender und nicht abbildender Kunstäußerung zeigt, steht nicht in Frage. Ebenso wenig, ob überhaupt eine Beziehung zwischen Selbstwahrnehmung und Kunstäußerung besteht. Die Vorstellung aber, von einer Kunstäußerung direkt die Selbstwahrnehmung ablesen zu können, bedeutet, den zurückzulegenden Weg von der eigenen Wahrnehmung hin zur fremden Kunstäußerung zu übersehen. Und eine Psychologisierung von Ergebnissen aus typologischer oder stilgeschichtlicher Forschung führt auf unterschiedliche Weise eben dazu, die eigenen Kriterien mit der antiken Selbstwahrnehmung zu verwechseln.

I.3. Eigener Ansatz

Die Grundsätze, nach denen im weiteren Verlauf der Arbeit vorgegangen werden soll, dürften durch die Diskussion der Forschungsgeschichte klar geworden sein: Wir begeben uns auf eine reflektierte Suche nach bildlichen Ähnlichkeiten innerhalb einer Mediengruppe mit dem Ziel, die antiken Motiveinheiten zu erkennen und ihre Verwendung am Gefäß zu verstehen. Ziel der Arbeit ist ein Verständnis für die antike Wahrnehmung der "Kamares"-Ware und ihrer Motive. Dabei werden die Ornamente der mittelminoischen Feinkeramik grundsätzlich erst einmal als potentiell bedeutend angesehen[31].

Um hier ein mögliches Missverständnis gleich auszuräumen: Nicht alles Gemalte auf mittelminoischer Feinkeramik ist Motiv. Und nicht jedes Motiv hat eine gegenständliche Bedeutung. Wenn wir aber unser Augenmerk nur auf jenen "nicht repräsentierenden" Teil der Ornamente richten, lassen sich vielleicht allgemein-überhistorische, anthropologisch-kognitive Erkenntnisse erzielen, wir verfehlen aber den zentralen Aussagewert der mittelminoischen Keramik und ihrer Motive für den antiken Betrachter. Erlauben wir uns kurz einen Vergleich: Wie würden wir uns etwa einem Ölgemälde des 17. Jahrhunderts nähern ohne Kenntnis der erwarteten Sehgewohnheiten? Der Konvention des vergoldeten Holzrahmens, dessen Verzierungen keine Bedeutung mehr in sich tragen. Den zahlreichen Pinselstrichen, welche im Hintergrund des Bildes das Unterholz des Waldes bezeichnen würden, ohne dass wir motivisch bestimmte Baumarten unterscheiden können. Der Gruppenszene im Vordergrund, nackte Frauen, deren Körper sich noch im Wasser spiegeln und die auch durch die Lichtführung herausgehoben sind. Wir würden nicht wissen, ob oder dass es sich um einen Mythos handelt. Wir würden aber das Thema "Frau" erkennen können und in der Art der Darstellung, der Betonung durch spiegelnde Wiederholung und der Heraushebung im Tonwert einen erotischen Aspekt. Lägen wir damit so falsch? Würden wir dieses Gemälde abstrakt nennen, würden

---

[26] Amphore 5835 (TAFEL IX,2): Pernier (1935) 259, Textabbildung 144; Zervos (1956) Abbildung 353; Schiering (1998) Tafel 64,3.
[27] Tasse HM 10180 (TAFEL XIV,3): Levi (1976) 48f., Tafel 131h.
[28] Auch die von den Rezensenten Schiering in Gnomon 52 (1980) 466 zu Walberg (1976) und Müller in Gnomon 63 (1991) 237 zu Walberg (1986) vorgeschlagenen Begriffe "vorgegenständlich" oder "nichtrepräsentativ" als Alternative zu "abstrakt" führen nicht aus der Sackgasse moderner Sehgewohnheit.
[29] Walberg (1992) 246.
[30] Zu den Ornamentdiskursen des vergangenen Jahrhunderts: Gombrich (1982) und - für den deutschsprachigen Raum - Himmelmann (1968) 261ff.

[31] "Bedeutung" wird hier grundsätzlich im Sinne von "deutend" und nicht im Sinne von "wichtig" verwendet. Eine Verwendung des Begriffs "Bedeutung" in wertender Abgrenzung zu formal oder inhaltlich gegenstandsloser Kunst ist dieser Arbeit fremd. Stellvertretend für den ideologisch geprägten Diskurs zur abstrakten Kunst des 20. Jahrhunderts seien hier zwei Beispiele genannt: die graduelle Einteilung der Legitimität von Kunst bei Staudenmaier (1969) 181ff., abzulesen an den Bildunterschriften 20-25 zu Gemälden von Cezanne bis Mondrian, letzteres "ein Beispiel der illegitimen, pseudokünstlerischen Abstraktion". Und als Gegenpol hierzu August Macke (zitiert nach Schrade (1965) 7): "Diese Bilder sind vor allen anderen imstande, einen mit einer geradezu himmlischen Freude an der Sonne und am Leben zu überschütten - sie sind gar nicht abstrakt, sondern größte Wirklichkeit!"

I. Hinführung

wir es auf die Farbtupfer und verwendete Pinselbreiten reduzieren? Auch dieses Gemälde hätte viele "abstrakte" Flächen für unser Auge, aber der Betonung durch Position, Größe, Helligkeit und so fort folgend und mit anderen Werken der gleichen Zeit vergleichend, würden wir doch bei unserem Versuch, die inhaltliche Aussage des Werks zu begreifen, unser Augenmerk zuerst der zentralen Figurengruppe widmen, und von dieser ausgehend den Rest der Leinwand entschlüsseln.

Es geht also nicht darum, nun einer möglichen Gegenposition zu verfallen und alles Gemalte auf mittelminoischer Keramik als gegenständlich bedeutend zu verstehen. Es geht aber durchaus darum, die willkürliche Trennung aufzuheben zwischen den Motiven, welche aufgrund ihrer ikonischen Eindeutigkeit und gleichzeitig ungeschickten Anbringung auf dem Medienträger als piktorial angesehen werden, und den – ebenfalls darstellenden – Motiven, welche allerdings aufgrund ihrer überzeugenden Gefäß-Motiv-Bezüglichkeit in ihrer inhaltlichen Aussagekraft unbeachtet geblieben sind.

Der Autor geht davon aus, dass die "Kamares"-Ware von ihrer Qualität, ihrem elitären Kontext und der Dauer ihrer Herstellung und Nutzung her geeignet ist, um nach Wahrnehmung und Themen zumindest der minoischen Elite des früheren zweiten Jahrtausends vor unserer Zeitrechnung befragt zu werden. Moderne Projektionen werden hierbei, soweit sie als solche erkannt wurden, vermieden: dazu gehören die Vorstellung von der Abstraktheit der mittelminoischen Motivik und die Vorstellung von Vor- und Zwischenstufen eines Motivs in der antiken Wahrnehmung. Was für den antiken Betrachter tatsächlich als im Bildraum stringent positionierte Motiveinheit wahrgenommen wurde, muss bei der Benennung der Motive und der Bestimmung des jeweiligen Motivcharakters in jedem einzelnen Fall geprüft werden.

Was ist der Krug? Wir sagen: ein Gefäß; solches, was anderes in sich fasst. Das Fassende am Krug sind Boden und Wand. Dieses Fassende ist selbst wieder fassbar am Henkel. Als Gefäß ist der Krug etwas, das in sich steht. (...) Zwar bedarf dieses Fassende einer Herstellung. Aber die Hergestelltheit durch den Töpfer macht keineswegs dasjenige aus, was dem Krug eignet, insofern er als Krug ist. Der Krug ist nicht Gefäß, weil er hergestellt wurde, sondern der Krug musste hergestellt werden, weil er dieses Gefäß ist.
Martin Heidegger

II. Gefäße und Motive

II.1. Gefäße

Über mittelminoische Gefäßformen bleibt wenig zu sagen, wenn man sie mit der Frage nach der antiken Wahrnehmung betrachtet und nicht typologisch oder stilistisch, um ihnen die dem antiken Betrachter unbewusst gebliebenen Moden und Entwicklungen für Datierungs- oder Werkstattfragen zu entlocken.

Auch wenn die Tafeln im Anhang der Arbeit vor allem nach dem Kriterium der Nachvollziehbarkeit der benannten Motive ausgewählt wurden, so lässt sich an ihnen doch gut das Panorama der Gefäßtypen erkennen. Von ihrer Verwendung her haben Ausguss- (IV - VIII) und Trinkgefäße (XII - XIV) den größten Anteil am Gesamtmaterial. Unter den Trinkgefäßen sind die meisten Tassen. Sie können eine gerade (XII), gewölbte (XIII) oder geknickte (XIV,1-4) Wandung haben. Der größte Teil unter den Ausgussgefäßen sind Brückenskyphoi (VI - VIII). Eine zweite Gruppe sind verschiedene Typen von Krügen (V), von denen einige Variationen der Brückenskyphoi darstellen (V,2 und 6), andere aufgrund ihres abgesetzten Ausgusses in der italienischen Forschung "teiera" genannt werden (V,3 und 5). Eine dritte Gruppe der Ausgussgefäße bilden Kannen (IV), unter denen die mit besonders hochgezogenem Ausguss Schnabelkannen (IV,1-2 und 4) genannt werden. Des weiteren gibt es Amphoren (IX), Stamnoi (X,1-2) und Pithoi (X,3-6) als Transport- und Vorratsgefäße, Schalen (XI,1-4) und Tabletts (XI,5-6) als Serviergefäße, Miniaturgefäße (XV) und Rhyta (XVI). Eine besondere Gruppe unter der mittelminoischen Feinkeramik sind die Prachtgefäße in Form von Krateren (III,1) und anderen Mischgefäßen (III,5), aufwändigen Siebgefäßen (III,3) oder ausladenden Schalen mit Fuß (III,2).

Alle Gefäße sind scheibengedreht. Die Tondicke variiert von rustikal bis eierschalendünn. Die meisten der feinkeramischen Gefäße sind dunkel gefirnisst, manchmal trägt ein Gefäß den Firnis auch nur zonal. Der dunkelbrennende Firnis kann glatt und glänzend oder durch kleine Partikel bewusst rau gestaltet sein. Auf den Firnisgrund konnten mehrere Farbschichten aufgetragen werden. Die Farben wurden vor dem Brand aufgetragen und sind nicht wasserlöslich[32].

Die "Kamares"-Ware ist von ihren Formen und ihrer Gestaltung her elitär: Schnabelkannen mit schmalen kleinen Öffnungen, aus denen man nur langsam ausschenken kann, Brückenskyphoi, aus denen zu gießen man beide Hände benötigt, Askoi, bei denen - außer bei dem kleinen, abgesetzten Ausguss - keine Möglichkeit besteht, etwas einzugießen. Der Bildraum, den die Gefäßkörper ermöglichen, ist geprägt durch die Achsen von Henkel und Schnauze. Dieses Verhältnis zwischen den Achsen des Gefäßkörpers und dem Aufbau der Motive im Bildraum wird uns später beschäftigen[33].

II.2. Motive

Die vom Autor erkannten und benannten Motive werden nun geordnet vorgestellt, und zwar anhand der jeweils erkennbaren Verwendung am Gefäß. Dies bietet zwei Vorteile: Zum einen wird automatisch reflektiert, woran ein Motiv für uns als Motiv erkennbar wird. Zum zweiten bereiten wir damit, dass es für jeden vorgeschlagenen Motiv-Charakter auch Vertreter gibt, die Grundlage für unsere weitergehenden Fragen in den nachfolgenden Kapiteln.

Folgende Charaktere werden besprochen: gefäßbezogen sind Motive, die als Bindeglieder zwischen Gefäßkörper und Bildraum vermitteln. Darstellend sind Motive, die erkennbar ein zoomorphes, vegetabiles oder sächliches Naturvorbild haben. Vergegenständlicht sind Motive, die kontextual eine darstellende Bedeutung übernehmen. Verweisend sind Motive, deren isolierte Verwendung auf dem Gefäß und deren Vorkommen auf anderen Materialien einen verabredeten Zeichencharakter nahe legen. Syntaktisch sind Motive, die maßgeblich den Bildraum strukturieren. Akzentuierend sind Motive, die wiederholt Aspekte anderer Motive betonen. Materialnachahmend sind Motive, die andere Werkstoffe zitieren. Motive, die vom Autor keiner der genannten Gruppen zuzuordnen waren, dennoch aber durch Wiederholung und Art der Verwendung auf den Gefäßen für den antiken Betrachter vermutlich

---

[32] Vergleiche die Diskussion bei Walberg (1976) 76. Die Farben haben knapp drei Jahrtausende unter der Erde und bis zu einem Jahrhundert in Depots und Vitrinen gehalten. Die Annahme einer Wasserlöslichkeit, wegen derer auch schon die Benutzbarkeit der

Gefäße in Frage gestellt wurde, ist zudem wenig wahrscheinlich, da bis vor wenigen Jahren auf den Grabungen von Phaistos und Knossos die neu gefundenen Gefäße schlicht mit Wasser gereinigt wurden (mündliche Bestätigung F. Carinci (Phaistos) 20.8.02 und E. Hatzaki (Knossos) 13.8.02).
[33] Siehe Kapitel V.

bedeutungstragend gewesen sind, werden abschließend als Motive anzeigenden Charakters vorgestellt.

Um ein Missverständnis gleich auszuräumen: Kein Motiv ist und wird auf einen Charakter beschränkt. Aber: Wir erkennen Motive nur aufgrund ihres Charakters. Wir nähern uns also – kurz die nicht ungefährliche Analogie zur Schrift aktivierend – der minoischen Bildsprache über ihre Grammatik, um überhaupt zu erkennen, was wir als Wort und als welche Wortart zu verstehen haben. Einige Motive können mehrere der angesprochenen Charaktere für sich beanspruchen, wie jeweils dann auch im Text besprochen wird; sie wurden nun jeweils dem Charakter zugeordnet, bei dem ihre Wertigkeit besonders deutlich zum Vorschein kommt. Alles andere hätte zu großer Unübersichtlichkeit geführt, und eine Liste, welche Wertigkeiten nun die Motive jeweils übernehmen können, wiederum zu nur scheinbarer Sicherheit. Exakt formuliert ist ein "Motiv mit verweisendem Charakter" also "ein Motiv, an dem wir durch die Art der Verwendung auf dem Gefäß einen verweisenden Charakter erkennen können". Das heißt nicht, dass ihm etwa ein darstellender Wert abgesprochen werden muss. Die Analyse der Wertigkeiten, die an den jeweiligen Beispielen nachgewiesen werden, soll uns über die Benennbarkeit einzelner Motive hinaus vielmehr auch als Grundlage für unsere weitergehenden Fragen an die mittelminoische Motivik dienen.

Es wird vom Autor nicht behauptet, die mittelminoische Motivik als bedeutungstragend aufzufassen, löse alle Probleme. Vielmehr beginnen die eigentlichen Probleme damit erst; denn auf der einen Seite droht, dass aus oberflächlichen Ähnlichkeiten vermeintlich auch in der antiken Wahrnehmung vorhandene Motive gebastelt werden; auf der anderen Seite ist der Abstand zur Bildtradition der minoischen Zeit so groß, dass die Gefahr besteht, an den aus antiker Sicht ikonographischen Selbstverständlichkeiten unachtsam vorbeizuschlittern.

II.2.a. Gefäßbezogener Charakter

"Horizontallinie"-Motiv

An einigen Beispielen soll hier zu Beginn das häufigste Motiv mittelminoischer Feinkeramik – die Horizontallinie – in seiner Funktion als verbindendes Element zwischen Gefäßkörper und Bildraum besprochen werden.

Die Funktion des "Horizontallinie"-Motivs zeigt sich am deutlichsten dort, wo es nicht vorkommt: es fehlt bei Gefäßen, die ein abgesetztes Bildfeld haben, so etwa bei Amphore HM 10551[34] (TAFEL IX,1). Auch sucht man die Horizontallinie vergebens, wenn das Motiv von sich her oder durch spiegelnde Vervielfältigung den Symmetrieachsen des Gefäßkörpers entsprechend aufgebracht ist, wie etwa bei der kugeligen Kanne HM 7695[35] (TAFEL V,4) mit vervierfachtem "Keim"-Motiv. Schließlich fehlt sie auch, wenn der gesamte Gefäßkörper als Bildraum begriffen wird wie bei der Pithos-Amphore AM AE. 1654[36] (TAFEL X,3).

Das Motiv findet sich meist im unteren Teil des Gefäßes als eine bis drei Linien, in Ausnahmen prägt die Horizontallinie auch die gesamte Syntax, nie aber schließt sie den Bildraum eines Gefäßes nur nach oben ab. Manches Mal wird die Horizontallinie zur Bodenlinie des Bildraums, wie etwa bei dem Brückenskyphos HM 9496[37] aus der Kamares-Höhle (TAFEL VIII,1) oder bei dem Krug mit abgesetztem Ausguss HM 17987[38] (TAFEL V,5).

"Wellenband"-Motiv

Motive können in ihrer jeweiligen Darstellung einem bestimmten Charakter zugeordnet werden, damit wird aber das Motiv selbst keinesfalls erschöpfend erfasst. Das "Wellenband"-Motiv begegnet auf den mittelminoischen Gefäßen außer in seiner gefäßbezogenen Funktion auch als vergegenständlichtes[39], als syntaktisches[40] und als anzeigendes[41] Motiv. Hier wird es nun als Variation der Horizontallinie und damit als Motiv mit

---

[34] Amphore HM 10551 (TAFEL IX,1): F. 347 - Levi (1976) 55, Tafel 69c (dort fälschlich: b) und Fabtafel XXIXb; Walberg (1976) Abbildung 4b; Schiering (1998) 183, Tafel 64,2.
[35] Kanne HM 7695 (TAFEL V,4) aus Knossos: Zervos (1956) Abbildung 323; Evans II,1 (1964) Textabbildung 121a und Farbtafel IXe; MacGillivray (1998) Katalog Nr. 1003; Schiering (1998) Tafel 7,2.
[36] Siehe Anmerkung 165.
[37] Brückenskyphos HM 9496 aus der Kamares-Höhle (TAFEL VIII,1): Dawkins - Laistner (1913) Farbtafel X unten.
[38] Krug mit abgesetztem Ausguss HM 17987 (TAFEL V,5): F. 5836 - Levi (1976) 499, Tafel 191d; Schiering (1998) Tafel 12,1.
[39] Das "Wellenband"-Motiv vergegenständlicht als Wasser: Pithos HM 10679; Schnabelkanne HM 10593; Brückenskyphos HM 10549; Tasse HM 13615; Tasse HM 10569. Ausführlicher zum Wellenband als Motiv vergegenständlichten Charakters Seite 23.
[40] Das "Wellenband"-Motiv als Motiv mit syntaktischem Charakter: Tasse HM 6631; Tasse HM 18187; Brückenskyphos HM 5822; Tasse HM 8406; Tasse aus Phaistos HM-Inventarnummer unbekannt (Pernier (1935) Textabbildung 228,1; Zervos (1956) Abbildung 324 rechts).
[41] Das "Wellenband"-Motiv zonal eingesetzt und damit für uns nur als ein Motiv allgemein anzeigenden Charakters erkennbar: Brückenskyphos HM 18194 (F. 5044 - Levi (1976) 528f., 532, Farbtafel XXXVIIIa). Bei einem Brückenskyphos aus Knossos HM-Inventarnummer unbekannt (Evans II,1 (1964) Farbtafel IXf); MacGillivray (1998) Katalog Nr. 1000; Schiering (1998) Tafel 15,2) ist das Wellenband unter den Henkeln weit ausschwingend und übernimmt so die Funktion des als nächstes besprochenen "Geschwungenes Dreieck"-Motivs.

II. Gefäße und Motive

gefäßbezogenem Charakter besprochen. Eindeutig in diesem Sinn, als Bindeglied zwischen Gefäßkörper und Bildraum, findet sich das "Wellenband"-Motiv etwa bei Krug HM 5823[42] (TAFEL V,3), Krug F. 499[43] (TAFEL V,2) und Brückenskyphos HM 5798[44] (TAFEL VI,3).

"Geschwungenes Dreieck"-Motiv

Noch deutlicher als Horizontallinie und Wellenband vermittelt das "Geschwungenes Dreieck"-Motiv zwischen Gefäßkörper und Bildraum. Mal schwingt es von der Horizontallinie spitz aus und bildet mit der Horizontallinie ein gleichschenkliges Dreieck wie bei Stamnos HM 10398[45] (TAFEL III,4) oder bei Brückenskyphos F. 2410[46] (TAFEL VIII,4), mal ist es vegetabil gestaltet wie bei Pithos HM 10680[47] (TAFEL X,5). Seitlich der aufsteigenden Linien können zwei Pinselstriche als Echo der Linienführung gesetzt sein wie auf Schnabelkanne HM 10073[48] (TAFEL IV,1).

So verschieden auch im Einzelnen gestaltet, hat das geschwungene Dreieck doch immer ein und dieselbe Funktion: die Gefäßseiten zu trennen und zu begrenzen und damit ein Bindeglied zu sein zwischen Gefäßkörper und Bildraum. Mit einer später begründeten Ausnahme[49] auf der Schnabelkanne HM 10073 (TAFEL IV,1) befindet sich das geschwungene Dreieck somit unter Henkeln und Schnauze, den vom Gefäß her vorgegebenen Trennachsen des Bildraums. Bei Pithos HM 10680 (TAFEL X,5) mit vier Henkeln begegnet konsequenter Weise auch die viermalige Wiederholung des Motivs[50].

An den drei Beispielen "Horizontallinie"-Motiv, "Wellenband"-Motiv und "Geschwungenes Dreieck"-Motiv konnte jeweils aufgezeigt werden, wie bestimmte Motive als vermittelndes Element zwischen Gefäßkörper und Bildraum eingesetzt werden. Auf welche Weise diese Feststellung mit Fragen nach der antiken Wahrnehmung der Gefäße verknüpft ist, wird sich im weiteren Verlauf der Argumentation finden[51].

Gleichzeitig wurde klar unterschieden zwischen dem Motiv im Sinne seiner erkennbaren Ähnlichkeiten und dem jeweiligen Charakter im Sinne seiner erkennbaren Verwendung. Dieser Unterschied fällt bei den Motiven mit erkennbar darstellendem Charakter vorerst weniger ins Gewicht.

II.2.b. Darstellender Charakter

Erkennbare zoomorphe Motive:

"Menschengestalt"-Motiv

Dass der Reigen der Motive darstellenden Charakters von dem "Menschengestalt"-Motiv eröffnet wird, entspricht einem gängigen Wertungssystem. Freilich darf dabei nicht vergessen werden, dass nur drei Gefäße der erhaltenen mittelminoischen Feinkeramik das Motiv einer Menschengestalt tragen. Pointiert lässt sich sogar formulieren: Es gibt auf der "Kamares"-Ware zahlreiche Pflanzendarstellungen ohne Menschengestalt, aber keine Menschengestalt ohne Pflanze.

Der Benennung "Menschengestalt" wurde hier deshalb vor der Benennung "Mensch" der Vorzug gegeben, da nicht eindeutig ist – und bei der einhenkligen Schale HM 10583[52] (TAFEL XI,2) und der Schale mit Ständer HM 10576[53] sogar fraglich –, ob tatsächlich Menschen dargestellt sind. Denkbar wären auch Götter, Epiphanien, anthropomorph aufgefasste Pflanzen oder Pflanzenkeime. Es geht nicht darum, einer der letztgenannten Interpretationen den Vorzug zu geben, vielmehr darum, die Möglichkeit mitzudenken.

---

[42] Krug HM 5823 (TAFEL V,3): Pernier (1935) Farbtafel XXXIV; Zervos (1956) Abbildung 357; Marinatos - Hirmer (1973) Tafel 22; Schiering (1998) Tafel 12,3.
[43] Krug F. 499 (TAFEL V,2): HM-Inventarnummer nach Levi unlesbar oder gelöscht - Levi (1976) 41f., Textabbildung 30 und Tafel 99a; Walberg (1976) Abbildung 16b; Schiering (1998) Tafel 19,3 und 20,1.
[44] Brückenskyphos HM 5798 (TAFEL VI,3): Pernier (1935) Farbtafel XXXV; Zervos (1956) Abbildung 356; Schiering (1998) Tafel 16,4.
[45] Stamnos HM 10398 (TAFEL III,4): F. 613 - Levi (1976) 65, Textabbildung 76, Farbtafel XXVIIIb; Schiering (1998) Farbtafel VI,2.
[46] Siehe Anmerkung 18.
[47] Pithos HM 10680 (TAFEL X,5): F. 1899 - Marinatos - Hirmer (1973) Farbtafel X; Levi (1976) 226f., Tafel 168e und Farbtafel LXXIIb; Schiering (1998) Tafel 55, 1 und 2.
[48] Schnabelkanne HM 10073 (TAFEL IV,1): F. 423 - Zervos (1956) Abbildung 342; Marinatos - Hirmer (1973) Farbtafel VIII; Levi (1976) 367, Farbtafel XXXa; Betancourt (1985) Tafel 11D; Schiering (1998) 118, Tafel 4,3.
[49] Siehe Kapitel VI.
[50] Das "Geschwungenes Dreieck"-Motiv findet sich auch bei: Brückenskyphos HM 10596 (TAFEL VII,3); Kanne HM 10586 (TAFEL IV,5); Brückenskyphos HM 8881 mit Lappen nach unten; Brückenskyphos HM 10564 durch Girlandenschwung; Brückenskyphos HM 10556 (F. 513 - Levi (1976) 42f., Tafel 108g) mit einem Schwung mehr; Brückenskyphos HM 17985 (F. 4941 -

Levi (1976) 528, 532, Tafel 108i); sowie auf Pithos Levi (1976) Tafel 50c (F. 5247); Rhyton Levi (1976) Farbtafel XLVa (F. 5938).
[51] Vergleiche Kapitel V.
[52] Schale HM 10583 (TAFEL XI,2): F. 1278 - Levi (1976) 96, Textabbildung 120, Tafel 160b, c und Farbtafel LXVIIa; Walberg (1976) Abbildung 19; Schiering (1998) Textabbildung 56, Tafel 52,5 und Farbtafel VIII,1.
[53] Ständer HM 10576: F. 65 und F. 786 - Zervos (1956) Abbildung 393; Levi (1976) 90, 204, Tafel 160a und Farbtafel LXV und LXVI; Schiering (1998) Textabbildung 56, Tafel 74 und Farbtafel VII.

II. Gefäße und Motive

Die Miniatur-Amphore HM 10610[54] (TAFEL XV,1) trägt die Darstellung einer roten, vermutlich nackten männlichen Gestalt in Seitenansicht, einer Krokusblüte zugewandt, die, im Verhältnis zur Menschengestalt überdimensional, aus dem Boden wächst. Die Darstellung wirkt unbeholfen, auch, weil es sich um eine der seltenen Darstellungen handelt, bei denen Motiv und Gefäßkörper nicht in Bezug zueinander stehen. Die einhenklige Schale HM 10583 (TAFEL XI,2) ist auf der Innenfläche mit drei Figuren ausgemalt: um eine mittlere Gestalt mit rotem, dreieckförmigem Körper bewegen sich zwei Figuren mit tropfenförmigem Körper. Aus der Bodenlinie wächst eine Lilie. Dieser Darstellung ähnelt die Gestaltung auf der stark fragmentierten Schale mit Ständer HM 10576: Ebenfalls drei Gestalten sind zu sehen, hier alle drei mit tropfenförmigem Körper; die mittlere hält in ihren Händen jeweils eine Lilie. Der äußere Rand der Schale ist von einer Reihe gebückter Gestalten gesäumt, die Fußfragmente des Ständers zeigen auf der Oberseite des Standrings wiederum drei tropfenförmige Gestalten.

"Wildziege"-Motiv

Die kretische Wildziege ("agrimi"), größer als eine Hausziege und mit auffälligem Gehörn, ist nicht zu verwechseln mit dem Steinbock[55]. Bis ins letzte Jahrhundert in den kretischen Hochgebirgen weit verbreitet, ist ihr Vorkommen heute vor allem auf das Naturschutzgebiet der Weißen Berge in Westkreta beschränkt[56]. Sie kommt auf der "Kamares"-Ware zweimal als Applikation zur Darstellung. Des Weiteren findet sie sich auf minoischen Siegeln[57] und bei dem etwas späteren tongrundigen Fragment HM 5205[58].

Der große Brückenskyphos HM 18197[59] (TAFEL VI,4) trägt auf dem Gefäßkörper gegenüber des Ausgusses die Applikation einer Wildziege, eingebunden in eine girlandenförmig gerahmte rote Fläche, in der sich auch noch zwei Applikationen von einfachen Blüten und eine nicht mehr erkennbare Applikation – die moderne Ergänzung als "Schlaufe" ist wenig plausibel – befinden. Umspielt ist die Szene von breiten Spiralen. Von dem Rhyton HM 17988[60] (TAFEL XVI,5) ist nur der obere Teil erhalten. Eine mit einer anderen Matrize hergestellte Applikation zeigt ebenfalls eine Wildziege[61].

Es folgen Gefäße mit Tierdarstellungen, deren Naturvorbilder alle – mehr oder weniger – mit Wasser zu tun haben.

"Frosch"-Motiv

Die Darstellung eines Frosches findet sich nur einmal auf der "Kamares"-Ware, auf der Miniatur-Amphore HM 5828[62] (TAFEL XV,2) zusammen mit einem lappenförmigen Motiv vor dem Frosch und einer hängenden Spirale als Seitenmotiv. Am vorliegenden Beispiel des Frosches gilt es, noch einmal die bisherigen Verortungen der mittelminoischen Motivik zu erwähnen. Bei Walberg[63] ist die Darstellung des Froschs einmal unter den piktorialisierten Kreismotiven, ein anderes Mal unter den piktorialisierten Wirbelmotiven zu finden. Schiering[64] (1998) 185 dagegen vermutet, "daß der minoische Vasenmaler [...] in diesem Falle das Vorbild der Natur über ein ungegenständliches Wirbelmotiv gestellt hat" und fügt zum Beweis eine naturkundliche Zeichnung bei, die zeigen soll, "wie erstaunlich genau der Vasenmaler hier mit dem Vorbild der Natur umgegangen ist". Kreisförmig ist der Skelettbau eines Frosches allerdings nicht. Für uns wird sich die Art der Darstellung des "Frosch"-Motivs später klären[65].

"Oktopus"-Motiv

Der Begriff "Oktopus" ist, wie bei der in der Hinführung diskutierten Frage bezüglich der Erkennbarkeit der Motive für den antiken Betrachter schon gezeigt wurde, eigentlich ein unpassender Begriff, da die Oktopoden der mittelminoischen Zeit ebenso wie reale Oktopden in den Weltmeeren auch gelegentlich mit weniger als acht Fangarmen auskommen. Im Einklang mit der archäologischen Forschung wird aber auch in dieser Arbeit auf den

---

[54] Miniatur-Amphore HM 10610 (TAFEL XV,1): F. 1452 - Levi (1976) 116ff., Textabbildung 161, Tafel LXVIIb; Schiering (1998) Textabbildung 55 (Ausschnitt in Umzeichnung).
[55] So Schiering (1998) in Beschriftung zu Farbtafel VIII,2.
[56] Vergleiche Kull - Diamantoglou (1998) 166f.
[57] Vergleiche Pini (1970) Nr. 253ff.
[58] Fragment HM 5205: Evans I (1964) Textabbildung 132a.
[59] Brückenskyphos HM 18197 (TAFEL VI,4): F. 5509 - Levi (1976) 571, Tafel 198f und Farbtafel LXXVIII; Walberg (1976) Motiv 23,12; Schiering (1998) Farbtafel VIII,2.
[60] Rhyton HM 17988 (TAFEL XVI,5): F. 4029 - Levi (1976) 693, 218e und Farbtafel LXXXIb.

[61] Levi (1976) 693 schlägt für die beiden Stücke einen "Maestro dell´agrimi" vor. Ob man allerdings über Kenntnis des Matrize-Verfahrens und die Bedeutung der Darstellung hinaus eine Verbindung annehmen muss, ist fraglich und in bronzezeitlichen Kontexten auch wenig Erfolg versprechend.
[62] Miniatur-Amphore HM 5828 wurde nicht im Original gesehen: Pernier (1935) Farbtafel XXVIII; Walberg (1976) Motiv 25(v)3 und Abbildung 52; Betancourt (1985) Tafel 12C; Schiering (1998) 184, Tafel 65,1.
[63] Walberg (1796) Motiv 25(v)3 (Wirbelmotiv) und Abbildung 52 (Kreismotiv).
[64] Schiering (1998) 185, Textabbildung 49 (naturkundliche Zeichnung) und Tafel 65,1.
[65] Siehe Seite 27f.

II. Gefäße und Motive

zoologisch korrekten Begriff "Kephalopode" verzichtet.

Insgesamt sind es fünf Darstellungen, die sich als "Oktopus"-Motiv benennen lassen: Der Brückenskyphos HM 10104 (TAFEL VI,1) und ein stark ergänzter Brückenskyphos aus der Kamareshöhle[66] haben den Oktopus auf der Seite gegenüber der Schnauze, beim Brückenskyphos F. 2410[67] (TAFEL VIII,4) befindet er sich auf der Ausguss-Seite, der Körper des Oktopus geht in den Ausguss des Gefäßes über. Des weiteren trägt auch die Tasse HM 18188[68] (TAFEL XIV,5) das Motiv eines Oktopus. Bei allen bisher genannten Darstellungen ist der Körper des Oktopus rot gestaltet.

Die fünfte Darstellung eines Oktopus findet sich erst bei genauerer Betrachtung, erweist sich dann aber als treffendes Beispiel für das spielerische Verhältnis von Motiv und Gefäß auf mittelminoischer Feinkeramik: Denn bei dem Oktopus des Siebgefäßes HM 10585[69] (TAFEL III,3) sind die Augen gleichzeitig die Henkel des Gefäßes.

"Argonaut"-Motiv

Die Darstellung des Argonauten ist in der überlieferten mittelminoischen Keramik seltener als die des Oktopus. Die Darstellung des Gehäuses eines Argonauten findet sich, mit Barbotine-Linien versehen, auf einem niedrigen Brückenskyphos aus der Kamares-Höhle[70] (TAFEL VIII,2). Ein Argonaut mit Fangarmen ist innerhalb des abgesetzten ovalen Bildfelds der Amphore HM 10551 (TAFEL IX,1) dargestellt. Im Vergleich zu den zahlreichen späteren, konventionalisierten Darstellungen des Argonauten mit häufig nur drei Armen ist der Argonaut – oder zoologisch korrekt: die Argonautin – hier mit vier langen Tentakeln dem Naturvorbild noch näher. Dass der Argonaut auch schon während der älteren Palastzeit außerhalb der "Kamares"-Ware eine Rolle spielte, zeigt die zeitgenössische plastische Gestaltung eines Fayence-Argonautengehäuses aus Knossos[71].

"Delphin"-Motiv

Auf dem nur fragmentarisch erhaltenen Ständer HM 18199[72] (TAFEL III,6) sind auf den gegenüberliegenden Seiten plastisch zwei Delphine ausgeformt. In uns vielleicht kitschig anmutender Konkretheit sind sie eingebracht in plastisch angegebene Wellen, Korallen und – echte – Muscheln (Detail TAFEL II,2). Die am engsten verwandte Darstellung eines Delphins ist auf einer Tasse[73] (TAFEL XVIII,4) in Chania zu finden, dort ebenfalls plastisch gestaltet. Spätere Beispiele von Delphin-Darstellungen sind Pithoi aus Pachyammos der Stilstufe Mittelminoisch III[74] und neupalastzeitliche Wandmalereien in Knossos[75].

"Fisch"-Motiv

Da wir bei dem Pithos HM 10679 (TAFEL X,4) in der Hinführung an der Deutung des lappenförmigen Motivs gescheitert sind, soll hier wenigstens der Fisch genau benannt werden: Vermutlich handelt es sich – wie bei zahlreichen weiteren minoischen Fisch-Darstellungen – um einen Thunnus thynnus[76]. Dreimal ist der Fisch auf dieser vierfach wiederholten Darstellung mit Zähnen dargestellt, bei der vierten Darstellung fehlen diese. Der Fischkörper ist rot gestaltet, ein kleines, isoliertes "Spirale mit Dreiecksfläche"-Motiv ist als Schuppenmuster eingesetzt.

Neben dieser Darstellung finden sich noch auf mehreren kleineren Gefäßen weniger stark ausgearbeitete "Fisch"-Motive: Auf Krügen aus Vasiliki wie HM 5262[77] schwimmen sie in horizontaler Reihung, gerahmt von jeweils zwei roten Horizontallinien um die mittlere Zone des Gefäßes. Auf einem Brückenskyphos aus der Kamares-Höhle[78] (TAFEL VIII,3) ist das Motiv ebenfalls noch als Fisch erkennbar. Zweimal findet sich das "Fisch"-Motiv auf Tassen eingebracht in versetzte Wellenbänder, die oben durch ein verkürztes "Halbbogen mit Strichen"-Motiv abgeschlossen werden: Bei der Tasse mit gewölbter

---

[66] Brückenskyphos aus der Kamares-Höhle HM-Inventarnummer unbekannt (Dawkins - Laistner (1913) Farbtafel X oben; Schiering (1998) Tafel 13,1). Am Motiv sind ein großer Teil des Körpers und der ganze Kopf ergänzt.
[67] Siehe Anmerkung 18.
[68] Tasse HM 18188 (TAFEL XIV,5): F. 4817a - Levi (1976) 531, 533, Tafel LIId; Schiering (1998) Textabbildung 50.
[69] Siebgefäß HM 10585 (TAFEL III,3): F. 1038 - Levi (1976) 102, Tafel 114e-f und Farbtafel XXXc; Scheiring (1998) 70,1.
[70] Brückenskyphos aus der Kamares-Höhle HM-Inventarnummer unbekannt (Mariani (1895) Tafel XII,5; Dawkins - Laistner (1913) Farbtafel IX oben; Schiering (1998) Tafel 12,4).
[71] Siehe Schiering (1998) Textabbildung 51.

[72] Ständer HM 18199 (TAFEL III,6): F. 4822 - Levi (1976) 491, 499, 502f., Textabbildung 775, Tafel 219a, d und Farbtafel LXXIX; Betancourt (1985) Tafel 14A; Schiering (1998) Tafel 50,2 und 77,5.
[73] Chania Museum Vitrine 8, Inventarnummer unbekannt.
[74] Siehe Evans I (1964) Textabbildung 447a und b.
[75] Siehe Schiering (1998) Textabbildung 60
[76] Nach Gill (1985) 71 und Textabbildung 11.
[77] Krug HM 5262 aus Vasiliki und weitere: Evans I (1964) Textabbildung 131a; Marinatos - Hirmer (1973) Farbtafel IV oben; Betancourt (1985) Tafel 12G; Schiering (1998) Textabbildung 59.
[78] Brückenskyphos aus der Kamares-Höhle HM-Inventarnummer unbekannt (Dawkins - Laistner (1913) Farbtafel V unten; Zervos (1956) Abbildung 337 links; Schiering (1998) Textabbildung 59).

II. Gefäße und Motive

Wandung HM 13615 sind nur "Fisch"-Motive zwischen den Wellenbändern, bei der gewölbten Tasse HM 10569[79] (TAFEL XIII,5) wechselt das Motiv mit dem "Gepunkteteter Kreis"-Motiv. Ob bei der Tasse mit Knick HM 10175[80] noch von einem "Fisch"-Motiv gesprochen werden kann, muss offen bleiben[81].

"Muschel"-Motiv

Der mit einem großen Delphin und Applikationen echter Muscheln gestaltete Ständer HM 18199 (TAFEL III,6) wurde gerade schon besprochen[82]. Auf der hohen Kanne HM 10577[83] (TAFEL IV,6) und auf der Tasse HM 5797[84] (TAFEL XII,2) dagegen finden wir mit Hilfe einer Matrize plastisch hergestellte Tonmuscheln der gleichen Gattung. Wie dies vonstatten ging, lässt sich schön an einem Fragment aus Knossos KSM # 329 ablesen (TAFEL XVII,3 und XVII,4): Hier haben sich noch die Fingerabdrücke des Töpfers oder der Töpferin erhalten beim Gegendruck gegen die Muschelmatrize auf der Außenseite. Bei der Kanne HM 10577 ist dieses "Muschel"-Motiv in zwei Zonen jeweils zu sechst als Gruppe gereiht in Form eines mit der Spitze nach unten zeigenden Dreiecks, bei der Tasse HM 5797 in drei versetzten Horizontalreihen angeordnet und oben abgeschlossen durch abwechselnd ein "Halbbogen mit Strichen"-Motiv und ein "Koralle"-Motiv[85].

Hier endet die Reihe der Kamares-Gefäße mit erkennbar zoomorphen Motiven. Ergänzt wird das hier vorgestellte Spektrum durch einige Stücke, die – da entweder nicht gemalt oder nur als Fragment erhalten – nicht in den Motivkatalog aufgenommen wurden: Katzen, Krebse und Tritonschnecken finden sich als plastische Applikationen auf einem Krug und auf zwei Tassen aus Mallia[86], die plastische Seitenansicht eines Stieres tragen Pithos-Fragmente aus Mallia[87] und Archanes[88]. Die Darstellungen auf einem Tassenfragment aus Knossos[89] und einem Stamnos aus Phaistos[90] lassen an Insekten denken. Das Tassenfragment HM 5757[91] aus Knossos trägt die Darstellung von Skorpionen (TAFEL XVII,1), ein weiteres zeigt über drei Wildziegen ein Spinnentier[92]. Was das nichtkeramische Material betrifft, sind auf einer zeitgenössischen Steinarbeit aus Phaistos Vögel dargestellt[93], auf einer Schwertscheide aus Archanes ist ein Eber eingraviert[94].

Auf Benennung eines "Auge"-Motivs wurde verzichtet, da es sich bei dem Krug HM 10575[95] (TAFEL V,6) zuerst einmal um ein um ein in allen vier Ecken der beiden Ansichtsseiten positioniertes "Strandnarzisse"-Motiv handelt, welches erst im Gefäßkontext auch als Auge lesbar wird. Einige weitere Gefäße, darunter alle Schnabelkannen, haben nahe dem Ausguss beidseitig be- oder ummalte plastische Erhöhungen, die als Augen zu deuten sein dürften, Beispiele hierfür sind die Schnabelkannen HM 5722[96] (TAFEL IV,2)[97] und HM 10073 (TAFEL IV,1). Durch dieses Detail wird das ganze Gefäß zu einem Wesen, vielleicht einem Tier. Dieser Eindruck kann – wie bei letztgenanntem Beispiel – noch durch die geweihähnliche Formung der Henkel verstärkt werden. Bei Schnabelkanne HM 10579[98] (TAFEL IV,4) lassen die Erhebungen am Ausguss selbst eher an Hörner denken. Wir werden uns mit diesem wichtigen Aspekt mittelminoischer Keramik, der "Ver-Wesentlichung" der Gefäße, später[99] beschäftigen.

---

[79] Tasse HM 10569 (TAFEL XIII,5): F. 527 - Levi (1976) 64, Tafel 124c, e und Farbtafel XLVIIIb, c.
[80] Tasse HM 10175: F. 88 - Levi (1976) 51, Tafel 134m.
[81] Das "Fisch"-Motiv findet sich auch auf der Innenseite des vermutlich als Presse genutzten kleinen Gefäßes aus Mallia HM 21007, sowie bei Krug MacGillivray (1998) Kat. Nr. 198; kleiner Krug Levi (1976) Tafel 95m (F. 502); Tasse Levi (1976) Tafel 124f (F. 1430).
[82] Siehe Seite 14.
[83] Kanne HM 10577 (TAFEL IV,6): F. 1041 - Levi (1976) 101, Textabbildung 128, Tafel 77a; Schiering (1998) Tafel 4,1.
[84] Tasse HM 5797 wurde nicht im Original gesehen: Pernier (1935) Farbtafel XXXb; Zervos (1956) Abbildung 331; Betancourt (1985) Tafel 10A; Schiering (1998) Tafel 38,1.
[85] Ein gemaltes "Muschel"-Motiv einer anderen Gattung findet sich auf dem der Stilstufe MMIII zugehörigen Miniatur-Pithos Levi (1976) Farbtafel LXXXIIIb (F. 2949).
[86] Schiering (1998) Tafel 77,2-4.
[87] Schiering (1998) Tafel 76,2.
[88] Immerwahr (1990) Tafel 8 und 9.
[89] MacGillivray (1998) Kat. Nr. 234.
[90] Pernier (1935) Textabbildung 67.
[91] MacGillivray (1998) Kat. Nr. 175. Dieses Objekt konnte im HM Depot im Original begutachtet werden.
[92] HM 5202. Der Evansschen Deutung (Evans I (1964) Textabbildung 132a) als "water beetle" widersprechen die insgesamt acht Füße. Unabhängig von der Interpretation als Wasserkäfer oder Spinnentier: Größenunterschied, Verteilung auf dem Gefäß und mangelnde Kohärenz des durch die Motive zitierten Ereignisraums lassen genau anhand dieses Fragments warnen, das Bildfeld zwingend auch als Bildraum aufzufassen.
[93] Pernier (1935) Textabbildung 113a-b.
[94] Sakellarakis (1991) Abbildung 130.
[95] Krug HM 10575 (TAFEL V,6): F. 757 - Levi (1976) 87, Tafel 113d und Farbtafel XLb; Marinatos - Hirmer (1973) Farbtafel V; Walberg (1976) Abbildung 11b; Betancourt (1985) Tafel 9B; Schiering (1998) 129, Tafel 19,1 und Farbtafel I,3.
[96] Schnabelkanne HM 5722 (TAFEL IV,2): Marinatos - Himer (1973) Tafel 21; Pernier (1935) 254, Textabbildung 134; Zervos (1956) Abbildung 354 und 355; Schiering (1998) Tafel 4,2.
[97] Weitere Beispiele sind Schnabelkannen HM 10198 (F. 40 - Levi (1976) 52, Tafel 87a), HM 10105 (F. 452 - Levi (1976) 367f., Tafel 77c), HM 10593, Kanne aus Knossos HM-Inventarnummer unbekannt (Evans I (1964) Textabbildung 196); Tasse Pernier (1935) Textabbildung 226,3; kugelige Kanne Levi (1976) Tafel 103b und Farbtafel XXXd (F. 1039) - bei Schiering (1998) Tafel 7,1.
[98] Schnabelkanne HM 10579 (TAFEL IV,4): F. 1032 - Levi (1976) 101, Textabbildung 130, Tafel 77b und Farbtafel XXVIIb; Walberg (1976) Abbildung 13; Betancourt (1985) Tafel 10E; Schiering (1998) Tafel 5,1.
[99] Siehe Kapitel III.

II. Gefäße und Motive

Erkennbare vegetabile Motive:

"Blüte"-Motiv

Die Blüte ist das häufigste der erkennbaren vegetabilen Motive auf mittelminoischer Feinkeramik. Als klassisch einfache Blüte, ähnlich einer Margerite in Frontalansicht, ist sie zum Beispiel dargestellt auf Tablett HM 18593[100] (TAFEL XI,5) oder Tasse HM 2692[101] aus Knossos (TAFEL XIII,6)[102]. Häufig ist es aber auch mehr ein Blütchen, so auf Askos HM 18434[103] (TAFEL V,1) oder Tasse HM 10159[104] (TAFEL XIV,2)[105]. Ein Sonderfall ist die Darstellung auf der Schale mit Beinen HM 21012 aus Mallia mit einer einfachen Blüte in Frontalansicht und dem kindlich wirkenden Zusatz von Stengel und Blättchen.

Mit dem "Blüte"-Motiv wird auf vielerlei Art gespielt. So entsteht es durch Firnis-Aussparung auf dem Tongrund bei Tasse HM 2690[106] (TAFEL XIII,3) und Tablett HM 10592[107] (TAFEL XI,6)[108]. Vor allem bei Tassen ist der Boden immer wieder mit dem "Blüte"-Motiv gestaltet, so dass die Tasse selbst zur Blüte wird wie bei Tasse HM 10159 (TAFEL XIV,2)[109]. Aber auch die Öffnung der Gefäße kann durch gefüllte Bögen zur Blüte umgedeutet werden wie bei Brückenskyphos HM 10153[110] (TAFEL VIII,6)[111].

Auch als plastische Applikation kommt die Blüte bei einigen aufwändigen Gefäßen vor, so beim Brückenskyphos HM 18197 (TAFEL VI,4), gar rundplastisch – ähnlich einer Kranzanemone – bei dem Set von Schnabelkanne HM 10579[112] (TAFEL IV,4) und Krater HM 10578[113] (TAFEL III,1). Aber auch das Gefäß selbst kann plastisch zu einer Blüte geformt werden, wie bei Rhyton F. 1905[114] (TAFEL XVI,2) durch den Ausguss oben[115] oder den Rand bei Krug HM 18435[116]. Und schließlich sind auch die plastischen Gestaltungen des Randes bei der Schale mit Ständer HM 10580[117] (TAFEL III,2), Krater HM 10578 (TAFEL III,1) und Mischgefäß HM 10561[118] (TAFEL III,5) als Blüten anzusehen.

Eine über die Wiedergabe hinausreichende Bedeutung lässt sich für das "Blüte"-Motiv an seinem Vorkommen auf Rhyton HM 10565[119] (Tafel XVI,6) ablesen, dazu später mehr[120].

---

[100] Tablett HM 18593 (TAFEL XI,5): F. 5397 - Levi (1976) 567, 594, Farbtafel LVII.
[101] Tasse HM 2692 (TAFEL XIII,6) aus Knossos: Zervos (1956) Abbildung 368; Evans I (1964) Farbtafel IIc (Aquarell); MacGillivray (1998) Katalog Nr. 618; Schiering (1998) Tafel 42,1.
[102] Sowie auf den Brückenskyphoi HM 17985, HM 8881 und einem Brückenskyphos aus der Kamares-Höhle HM-Inventarnummer unbekannt (Dawkins - Laistner (1913) Tafel XI oben; Marinatos - Hirmer (1973) Tafel 20 oben; Schiering (1998) Tafel 15,4); den Tassen HM 10085 (F. 399 - Levi (1976) 365, 368, Tafel 131n), HM 5784 (Pernier (1935) Textabbildung 150,2), HM 10084 (F. 4387 - Levi (1976) 365, 368, Tafel 132l); den Schalen HM 1682 (Pernier (1935) Farbtafel XXIIa, b; Zervos (1956) Abbildung 341; Schiering (1998) Tafel 46,2), HM 21011; der Vase HM 10562 (F. 518 - Levi (1976) 218, Tafel 181f); der Kanne HM 10568. Des weiteren Tasse Levi (1976) Tafel 128s (F. 5083); Brückenskyphos Levi (1976) Farbtafel XXXVb (F. 4900); Brückenskyphos Levi (1976) Farbtafel XIXb (F. 2319); Tasse Levi (1976) Tafel 131c (F. 435); Kännchen Levi (1976) Tafel 95i (F. 4864a). Direkter Vergleich zu Tasse HM 2692: MacGillivray (1998) Kat. Nr. 669. Bei Krug HM 9145 aus Mallia Zervos (1956) Abbildung 320; Schiering (1998) Tafel 76,4) Blüte durch Matrize.
[103] Askos HM 18434 (TAFEL V,1): F. 5226 - Levi (1976) 569, 594, Tafel 148d, f und Farbtafel XLVIb; Schiering (1998) Tafel 27,4.
[104] Tasse HM 10159 (TAFEL XIV,2): F. 84 - Zervos (1956) Abbildung 333 rechts; Levi (1976) 51, Tafel 133k und Farbtafel LIIId.
[105] Sowie auf den Tassen HM 18431 (F. 4954 - Levi (1976) 517ff., Textabbildung 801, Tafel 124d und Farbtafel ILc; Schiering (1998) Farbtafel VI,1) und HM 7696; Krug HM 10170 (F. 152 - Levi (1976) 52, Tafel 95b); Schälchen HM 1719 (Pernier (1935) Textabbildung 226,6).
[106] Tasse HM 2690 (TAFEL XIII,3): Zervos (1956) Abbildung 370; Evans I (1964) Farbtafel IIa (Aquarell); Marinatos - Himer (1973) Farbtafel VI oben rechts; MacGillivray (1998) Katalog Nr. 617; Schiering (1998) Tafel 40,5.
[107] Tablett HM 10592 (TAFEL XI,6): F. 1033 - Levi (1976) 100, Tafel 60d.
[108] Sowie bei Pithos HM 7697 aus Knossos (Evans II,1 (1964) Farbtafel IXd); Amphore HM 10519(F. 777 - Levi (1976) 85, Tafel 76k; Schiering (1998) Tafel 66,4); Brückenskyphos Levi (1976) Tafel 110d (F. 428) - bei Schiering (1998) Tafel 15,1.

[109] Sowie bei Tassen HM 10077 (F. 421 - Zervos (1956) Abbildung 327 rechts, 329 und 330 (von unten); Levi (1976) 365, 368, 440, Farbtafel LIa; Schiering (1998) Tafel 41,3), HM 10563 (F. 665 - Levi (1976) 82f., Tafel 133i), HM 14377 (F. 2688 - Levi (1976) 440, Tafel 124i); Brückenskyphos HM 10511 (F. 806 - Levi (1976) 74, Tafel 99d und Farbtafel XLa).
[110] Brückenskyphos HM 10153 (TAFEL VIII,6): F. 56 - Zervos (1956) Abbildung 332 (Vergrößerung); Levi (1976) 48, Farbtafel XXXIVd; Betancourt (1985) Tafel 8F.
[111] Weitere Beispiele sind die Brückenskyphoi HM 5834 (TAFEL VI,6), HM 10415 (TAFEL VII,5, F. 984 - Levi (1976) 158, Tafel 110f; Walberg (1976) Abbildung 10; Betancourt (1985) Tafel 11B; Schiering (1998) Tafel 16,3)), HM 18197 (TAFEL VI,4) und HM 9496 (TAFEL VIII,1).
[112] Die Applikation an Schnabelkanne HM 10579 ist zu großen Teilen abgebrochen, aber noch erkennbar.
[113] Krater HM 10578 (TAFEL III,1): Marinatos - Hirmer (1973) Farbtafel XII; Levi (1976) 101, Textabbildung 129, Tafel 62a und Farbtafel XXVIIc; Betancourt (1985) Tafel 10D; Schiering (1998) Tafel 50,1.
[114] Rhyton F. 1905 (TAFEL XVI,2): HM-Inventarnummer nach Levi unlesbar/gelöscht - Levi (1976) 140f., Tafel 115f und Farbtafel XLVb; Betancourt (1985) Tafel 12C; Schiering (1998) 137, Tafel 27,3.
[115] Fragmente solcher Aufsätze sind HM 9170 und HM 9174. Abbildung bei Evans IV,1 (1964) Farbtafel XXXIX.
[116] Krug HM 18435: F. 4640 - Levi (1976) 517, 519, Farbtafel XLIb.
[117] Ständer HM 10580 (TAFEL III,2): F. 1053 - Marinatos - Hirmer (1973) Tafel 23 und Farbtafel XIII; Levi (1976) 97, 99f. Textabbildung121, 124, 127, Tafel 62b, c und Farbtafel XXVIIa; Schiering (1998) Tafel 49,1 und 2.
[118] Mischgefäß HM 10561 (TAFEL III,5): F. 480 - Levi (1976) 214, 217, Tafel 175e und Farbtafel LXXIV; Schiering (1998) Tafel 48,2.
[119] Rhyton HM 10565 (TAFEL XVI,6): F. 589 - Levi (1976) 158, Tafel 148a, c, e.
[120] Siehe Kapitel IV.

II. Gefäße und Motive

"Blütenrad"-Motiv

Das "Blütenrad"-Motiv setzt sich aus lanzettenförmigen Blütenblättern um rot oder orange gestaltete Scheiben zusammen. Ob eine bestimmte Blüte gemeint war, muss genauso offen bleiben wie bei den verschiedenen Darstellungsformen des gerade besprochenen "Blüte"-Motivs und des noch folgenden "Halbblüte"-Motivs.

In der Hinführung wurde das Blütenrad schon vorgestellt durch Amphore HM 5835 (TAFEL IX,2) und Tasse HM 10180 (Tafel XIV,3), im Tafelteil sind des weiteren Schnabelkanne HM 5722 (TAFEL IV,2) und Pithos HM 10573[121] (TAFEL X,6) mit diesem Motiv zu finden[122].

Bei der einfachen Blüte wurden einige Beispiele genannt, bei denen die Unterseite – zumeist von Tassen – zur Blüte umgedeutet wurde: Eine Variation, bei der ein Blütenrad auf diese Weise zur Darstellung kommt, ist der Askos HM 10162[123].

"Halbblüte"-Motiv

Ob die Halbblüte für den antiken Betrachter die Blüte einer bestimmten Pflanze war, ist nicht klar. Denn obwohl sie immer sehr ähnlich dargestellt und damit für uns gut als Motiv greifbar wird, lässt sie sich doch für den Autor in keinem einzigen Fall konkret mit einem bestimmten Naturvorbild in Verbindung bringen. Die Halbblüte begegnet auf den Brückenskyphoi HM 10596[124] (TAFEL VII,3) und HM 10153 (TAFEL VIII,6), auf dem Rhyton F. 1905 (TAFEL XVI,2), sowie auf der Tasse HM 10606[125] (TAFEL XII,6) und dem Mischgefäß HM 10561 (TAFEL III,5)[126].

"Rosette"-Motiv

Zumeist ist die Rosette, gebildet aus Punkten in einem Kreis um einen mittleren Punkt, eine verkürzte Variation der einfachen Blüte. Sie soll hier dennoch kurz als eigenes Motiv vorgestellt werden. In der späteren Wandmalerei ist die Rosette eingesetzt bei einem Fresko mit Olivenzweigen aus Knossos, um Olivenzweige in Blüte anzuzeigen[127].

Beispiele für die Rosette als vereinfachte Blüte sind der Krug HM 5823 (TAFEL V,3), wo der mittlere Punkt jeweils gleichzeitig das Siebloch des Gefäßes ist, und der Krug HM 11193[128], bei dem die Rosette in Barbotine gestaltet ist und die einzelnen Punkte wiederum kleine Rosetten sind. Beim schon gesehenen Brückenskyphos aus der Kamareshöhle (Tafel VIII,2) sind zwischen den Argonauten-Gehäusen plastisch und gemalt kleine Rosetten dargestellt, bei Siebgefäß HM 10585 (TAFEL I,3 UND III,3) finden sich Rosetten in den Tentakeln des Oktopus statt des sonst üblichen "Gepunkteter Kreis"-Motivs[129], ob als bewusstes Spiel oder aus Nachlässigkeit ist für uns nicht zu klären.

"Zweig"-Motiv

Das Motiv des Zweigs findet sich auf der hohen Kanne HM 10586[130] (TAFEL IV,5), bei Schälchen HM 18192[131] (TAFEL XI,3), bei Schnabelkanne HM 10579 (TAFEL IV,4) am Hals[132], sowie bei zahlreichen weiteren Darstellungen als Horizontalband[133]. Häufig ist dabei eine rote Ader in den Hauptzweig eingebracht[134]. Als Hauptmotiv auf

---

[121] Pithos HM 10573 (TAFEL X,6): F. 611 - Levi (1976) 69, Tafel 51b; Walberg (1976) Motiv 10,(iv),12 oder 13; Betancourt (1985) Tafel 11C.
[122] Weitere Beispiele sind Skyphos HM 10091 (F. 411 - Zervos (1956) Abbildung 352; Levi (1976) 366, 368, Tafel 120e; Betancourt (1985) Tafel 9J); Amphore HM 7837; Amphore Levi (1976) Tafel 76m (F. 404); Pithos Levi (1976) Farbtafel XXVIb (F. 4715); Krug Levi (1976) Farbtafel XXXIIa (F. 5281); Krug Levi (1976) Tafel 82d (F. 4796); Kanne MacGillivray (1998) Kat. Nr. 134. Dynamisiert und mit roter Schraffur vielleicht auf Vase HM 10148 (F. 449 - Zervos (1956) Abbildung 349; Marinatos - Hirmer (1973) Tafel 20 unten; Levi (1976) 366, Tafel 138g; Schiering (1998) Tafel 36,1.
[123] Askos HM 10162: F. 72 - Zervos (1956) Abbildung 372; Levi (1976) 50f., Tafel 148b; Schiering (1998) 27,2.
[124] Brückenskyphos HM 10596 (TAFEL VII,3): F. 1356 - Levi (1976) 92, 94f., Tafel 108c.
[125] Tasse HM 10606 (TAFEL XII,6): F. 1438 - Levi (1976) 93f., Tafel 126m.
[126] Weitere Beispiele für das "Halbblüte"-Motiv sind Tasse HM 14365 (F. 1448 - Levi (1976) 120, Tafel 126i) und Krug HM 10594

(F. 1401 - Levi (1976) 91, 95, Tafel 86a, b; Walberg (1976) Abbildung 12; Schiering (1998) Tafel 6,5).
[127] HM Obergeschoss, Fresken 36 und 37.
[128] Krug HM 11193: F. 2169 - Levi (1976) 149f., Tafel 23c, f. Eventuell auch bei Pithos-Amphore HM 10691 (F. 905 - Levi (1976) 639, 642, Tafel 18b und Farbtafel Xa; Schiering (1998) Tafel 75,3), wenngleich die Barbotine-Punkte nicht in Kreisen um einen zentralen Punkt, sondern unregelmäßig gesetzt sind.
[129] Weitere Beispiele für das "Rosette"-Motiv sind Brückenskyphos HM 5833 (TAFEL VI,5); kleiner Eimer HM 18436; Tasse HM 19372.
[130] Kanne HM 10586 (TAFEL IV,5): F. 1040 - Levi (1976) 101, Tafel 77d und Farbtafel XXXb.
[131] Schälchen HM 18192 (TAFEL XI,3): F. 5099 - Levi (1976) 567, 594, Tafel 112b und Farbtafel XLIIIb; Walberg (1976) Abbildung 18a; Schiering (1998) Tafel 52,1.
[132] Ebenso bei Kännchen MacGillivray (1998) Kat. Nr. 543.
[133] Brückenskyphoi HM 4396 aus Knossos (Zervos (1956) Abb. 364 links; MacGillivray (1998) Katalog Nr. 73), HM 10415, HM 10523 (F. 804 - Levi (1976) 75, 78, Tafel 105d); Vase HM 1652 (Pernier (1935) Farbtafel XXIIc), Tasse HM 5800 und – bei identischem Aufbau - Tasse Levi (1976) Tafel 138d (F. 1924).
[134] So bei Fragment Brückenskyphos MacGillivray (1998) Kat. Nr. 936; Brückenskyphoi MacGillivray (1998) Kat. Nr. 930 und Kat Nr. 931; Fragment MacGillivray (1998) Kat. Nr. 568; Miniatur-Pithos Levi (1976) Farbtafel LXXXIIIc (F. 3204).

II. Gefäße und Motive

dem tongrundigen Skyphos HM 10683[135] (TAFEL XVIII,5), bei dem vielleicht ein Olivenzweig gemeint ist, ist der Hauptzweig selbst rot, eine silbrig-weiße, geschlängelte Linie markiert die Ader.

"Ranke"-Motiv

Das Motiv der Ranke unterscheidet sich vom "Zweig"-Motiv durch den gebogenen Hauptzweig, vom später besprochenen "Pflanze"-Motiv dadurch, dass das Motiv nicht von einer Bodenlinie her gestaltet ist.

Das "Ranke"-Motiv findet sich nahezu identisch auf den Tassen HM 10078[136] (TAFEL XII,3) aus Phaistos und HM 509 aus der Kamares-Höhle. In beiden Fällen könnte Efeu gemeint sein. Die Ranke mit Halbblüten auf Rhyton F. 1905 (TAFEL XVI,2) ist vergegenständlichend aus dem Motiv der laufenden Spirale gestaltet. Ein kleines Ranken-Motiv findet sich am oberen Abschluss des Krugs mit abgesetztem Ausguss HM 5823 (TAFEL V,3)[137].

"Blattbündel"-Motiv

Ohne der Forschung zu Entwicklung und Verbreitung der Palmette nun nachzugehen, wird der Blick auf das Vorkommen des hier als Blattbündel bezeichneten Motivs in der mittelminoischen Feinkeramik gerichtet. Tatsächlich palmettenhaft gestaltet findet sich das Blattbündel etwa auf den Brückenskyphoi HM 10092[138] und HM 2680[139], weniger palmettenhaft auf Tablett HM 18593 (TAFEL XI,5), Stamnos HM 10398 (TAFEL III,4), bei Krug F. 499 (TAFEL V,2) am Ausguss, und eventuell auch auf Brückenskyphos HM 11196[140] (TAFEL VII,4)[141].

Bei dem Krug mit abgesetztem Ausguss HM 14275 aus Knossos (TAFEL XVIII,6) wird unvermutet die Wechselfolge von roten und weißen Blattbündeln unterbrochen. Es muss offen bleiben, ob dies einer montäglichen Unaufmerksamkeit des Vasenmalers oder dem Wunsch nach einem besonderen Effekt auf der unregelmäßig gebrannten Oberfläche geschuldet ist.

"Blätter"-Motiv

Wir kommen nun zu zwei unsicheren Motiv-Kandidaten: dem "Blätter"-Motiv und dem "Keim"-Motiv. Die Unsicherheit besteht darin, ob die phänomenologisch greifbaren Ähnlichkeiten tatsächlich in antiker Wahrnehmung ein "Motiv" bildeten. Der Pithos HM 10573 (TAFEL X,6) mit seinem Motiv über dem Blütenrad legt, neben weiteren Beispielen mit ähnlicher Motiv-Kombination[142], die Idee nahe, in den zwei Pinselstrichen Blütenblätter zu erkennen. Auch sonst kommen die zwei Pinselstriche vor, so bei Tasse HM 10658[143], bei den Schälchen HM 18192 (TAFEL XI,3) und HM 17976[144] als Zweiergruppen außen, bei Stamnos HM 10375[145] (TAFEL X,2) auf der Spirale, bei Schnabelkanne HM 10073 (TAFEL IV,1) kapitellhaft am oberen Abschluss des Bildraums gestaucht. In anderen Fällen ist das vermutete "Blätter"-Motiv gereiht wie bei Askos HM 10162, bei Tasse HM 5779[146] oder bei Brückenskyphos HM 10564[147] in einer Girlande. Eine weitere Gruppe bilden Henkel- und Ausgussverzierungen, etwa bei Kanne HM 10586 (TAFEL IV,5) an den Henkeln und bei Krug HM 17987 (TAFEL V,5) am abgesetzten Ausguss. Die Verbindung zumindest letztgenannter Verzierungen an Ausguss und Henkel mit einem "Blätter"-Motiv ist mehr als fraglich, da im Gegensatz zu den Beispielen mit Blütenrad hier jedweder ikonische Kontext fehlt. Bei Kännchen HM 10555[148]

---

[135] Skyphos HM 10683 (TAFEL XVIII,5): F. 1431 - Levi (1976) 94, Tafel 120d.
[136] Tasse HM 10078 (TAFEL XII,3): F. 444 - Zervos (1956) Abbildung 325 Mitte; Levi (1976) 365, 368, Tafel 126c und Farbtafel LIVc; Walberg (1976) Abbildung 24b; Schiering (1998) Tafel 38,2.
[137] Weitere Beispiele für das "Ranke"-Motiv: Schalen mit Beinen aus Mallia HM 21010 und HM 21011.
[138] Brückenskyphos HM 10092: F. 426 - Levi (1976) 366, 368, Tafel 107c; Walberg (1976) Abbildung 8; Schiering (1998) Tafel 17,4.
[139] Brückenskyphos HM 2680 aus Knossos: Zervos (1956) Abbildung 359; Evans I (1964) Textabbildung 186a und Farbtafel III links und rechts (Aquarell), Evans II,2 (1964) Textabbildung S.495; Marinatos - Himer (1973) Farbtafel VII; Walberg (1976) Abbildung 6; Betancourt (1985) Textabbildung 72; Schiering (1998) Textabbildung 41 (Nachbildung) und Tafel 17,1.
[140] Brückenskyphos HM 11196 (TAFEL VII,4): F. 2171 - Levi (1976) 149f., Tafel 26a, c und Farbtafel XIa.
[141] Bei Brückenskyphos HM 5833 (TAFEL VI,5) scheint eher ein anderes, uns nicht erkennbares darstellendes Motiv bezeichnet zu sein. Weitere Beispiele für das "Blattbündel"-Motiv:

Brückenskyphos HM 10556; Schälchen HM 17976; Schale mit Beinen HM 21010; Schale HM 19593; Miniatur-Pithos HM 10078; Fragment einer Amphore MacGillivray (1998) Kat. Nr. 402.
[142] Gemeinsame Darstellung von "Blütenrad"-Motiv und "Blätter"-Motiv: Krüge Levi (1976) Tafel 82g (F. 4692a), Levi (1976) Tafel 89a, c (F. 4710), Levi (1976) Tafel 89f (F. 4692b). Das "Blätter"-Motiv findet sich auch auf Stamnos Pernier (1935) Textabbildung 184; Stamnos Levi (1976) Tafel 53c (F. 1437); Krug Levi (1976) Textabbildung 1094 (F. 4157).
[143] Tasse HM 10658: Levi (1976) 116, 118.
[144] Schälchen HM 17976: F. 4942 - Levi (1976) 522f., Tafel 122a,c; Walberg (1976) Abbildung 18b; Schiering (1998) Tafel 52,2.
[145] Stamnos 10375 (TAFEL X,2): F. 483 - Levi (1976) 214, 217, Tafel 170c.
[146] Tasse HM 5779: Pernier (1935) Textabbildung 135; Zervos (1956) Abbildung 378 links; Betancourt (1985) 10B; Schiering (1998) Tafel 37,7.
[147] Brückenskyphos HM 10564: F. 495 - Levi (1976) 157f., Tafel 106a.
[148] Kännchen HM 10555 (TAFEL XV,6): F. 511 - Levi (1976) 42f., Tafel 95d und Farbtafel XLIVa.

II. Gefäße und Motive

(TAFEL XV,6) schließlich erinnert das Motiv einander zugeneigter Zweiergruppen von Strichen eher an Hülsen. So bleibt nur, die in der ersten Gruppe genannten Beispiele von zwei oder mehreren Pinselstrichen gemeinsam mit Blütenrad unter dem Begriff "Blätter"-Motiv zu fassen.

"Keim"-Motiv

Aus isolierter Spirale, Punktkreis, roter Scheibe oder weißem Punkt wachsen ein oder mehrere Lappen. So müsste man das "Keim"-Motiv umschreiben, so es sich denn tatsächlich um nur ein Motiv handelt. Problematisch ist also, ob das Motiv diese verschiedenen Ansichten einnehmen konnte und trotzdem für den antiken Betrachter immer erkennbar blieb. Dass überhaupt die Benennung als Keim gewählt wurde, ist der zumindest in einigen Fällen gegebenen Nähe zum Naturvorbild geschuldet.

Die Reihe der mit dem "Keim"-Motiv dekorierten Gefäße[149] wird begonnen mit einigen einfachen Gefäßen, welche nur dieses eine Motiv einer kleinen Spirale mit drei oder mehr Lappen tragen, so etwa Miniatur-Amphore HM 21002 (TAFEL XV,3) aus Mallia und eine Tasse aus Palaikastro (TAFEL XIV,6)[150]. Ähnlich ist die Gestaltung auf Tasse HM 10082[151] (TAFEL XII,4), ergänzt um einen Punktkreis. Bei Tasse HM 18187[152] (TAFEL XIII,1) findet sich ein keimähnliches Motiv aus weißer Scheibe mit zwei Lappen, desgleichen bei Kanne HM 10586 (TAFEL IV,5), hier aber nur mit einem Lappen. Bei der kugeligen Kanne HM 7695 (TAFEL V,4) handelt es sich um eine kleine weiße Scheibe, aus der große Lappen wachsen[153]. Der Stamnos HM 10398 (TAFEL III,4) trägt das Motiv einer Spirale mit zwei Lappen. Einen breiten, gestreiften Lappen, der in einer Spirale endet, weisen Windlicht HM 14380[154] und Tasse HM 19372[155] auf. Das "Keim"-Motiv an dem roten Lappen auf Schale mit Ständer HM 10580 (TAFEL III,2) ist innerhalb des Lappens noch einmal dunkelrot gespiegelt. In der Schale HM 8916[156] aus Knossos (TAFEL XI,1) ist das "Keim"-Motiv vergesellschaftet mit dem "Rote Scheibe"-Motiv, in der Darstellung als innen mit roter Linie versehener weißer Kreis mit Lappen findet es sich auf Tasse HM 8406[157] (TAFEL XIII,4) zwischen kleinen Blumen in einem Wellenband.

"Palme"-Motiv

Die immergrüne kretische Dattelpalme (phoenix theophrasti), in ihrem lateinischen Namen nach ihrem antiken Beschreiber benannt, ist auf Kreta endemisch. Es waren also nicht die ausgespuckten Kerne von Sarazenen, wie es eine neuzeitliche Legende besagt[158], die den Palmenstrand bei Vai an der Nordküste Ostkretas entstehen ließen. Und kein minoischer Vasenmaler musste die Insel verlassen, um das Naturvorbild seines "Palme"-Motivs vor Augen zu haben.

Mit der schon in der Hinführung besprochenen Kanne HM 5937 (TAFEL IV,3) sind die Darstellungen folgender Gefäße gut vergleichbar: Tasse HM 6627[159] (TAFEL XII,1), Brückenskyphos HM 10613[160] und Miniatur-Amphore HM 10075[161], jeweils mit roter Ader im Stamm akzentuiert. Bei dem Brückenskyphos HM 10187[162] (TAFEL VII,1) flankieren zwei rote Linien den Palmenstamm, der in den Ausguss übergeht. Der Krug mit abgesetztem Ausguss HM 17987 (TAFEL V,5), die Schüssel HM 18438[163] (TAFEL XI,4) und das Rhyton HM 7699[164] aus

---

[149] Außer den im Text genannten sind dies: Brückenskyphos aus Knossos HM-Inventarnummer unbekannt (Evans II,1 (1964) Farbtafel IXf; MacGillivray (1998) Katalog Nr. 1000; Schiering (1998) Tafel 15,2); Tassen HM 10087 (F. 434 - Zervos (1956) 325 rechts; Levi (1976)365, 368, Tafel 131g und Farbtafel LIIc), HM 10108 (F. 447 - Levi (1976) 365, 368, Tafel 131e); Tasse Levi (1976) Farbtafel LIIIa (F. 5020a) direkter Vergleich für Tasse HM 10087; Pithos Levi (1976) Tafel 50d (F. 904); Schale Levi (1976) Tafel 58e (F. 5093); Rhyton Levi (1976) Farbtafel XLVa (F. 5938); Fragment einer Schale MacGillivray (1998) Kat. Nr. 257; Rand eines Tabletts Levi (1976) Tafel 165c (keine F.-Nummer) der Lappen mit Blattrippen gestaltet; Tasse Levi (1976) 132m (F. 422); Fragment Pernier (1935) Textabbildung 93 rechts. Je nach Rekonstruktion Tasse HM 10656 (F. 1443 - Levi (1976) 118, Tafel 131o; Betancourt (1985) Tafel 9F) und Brückenskyphos HM 5822.
[150] Sowie Tassen aus Palaikastro HM 3377 und HM 2036 (Bosanquet – Dawkins (1923) Tafel 5B); auch (nicht im Original gesehen) Becher aus Palaikastro HM 3371 (Walberg (1983) Tafel 1,1 rechts).
[151] Tasse HM 10082 (TAFEL XII,4): F. 408 - Zervos (1956) Abbildung 327 Mitte; Levi (1976) 365, 368, Tafel 126e und Farbtafel LIVa.
[152] Tasse HM 18187 (TAFEL XIII,1): F. 5023b - Levi (1976) 531, 533, Farbtafel LIVb. Dieses Objekt konnte im HM Depot im Original begutachtet werden.
[153] Vergleich für kugelförmige Kanne Levi (1976) Tafel 103b und Farbtafel XXXd (F. 1039) - bei Schiering (1998) Tafel 7,1.

[154] Windlicht HM 14380: F. 2242 - Levi (1976) 168, Tafel 150a; Schiering (1998) Tafel 71,2.
[155] Tasse HM 19372: F. 2278 - Levi (1976), Textabbildung 223, Tafel 123h.
[156] Schale HM 8916 aus Knossos (TAFEL XI,1): Evans IV (1964) Farbtafel XXX B (Aquarell); Schiering (1998) Tafel 48,1.
[157] Tasse HM 8406 (TAFEL XIII,4) aus Knossos: Evans II,1 (1964) Farbtafel IXa (Aquarell); MacGillivray (1998) Katalog Nr. 998; Schiering (1998) Tafel 41,2.
[158] Vergleiche Speich (1977) 219.
[159] Tasse HM 6627 (TAFEL XII,1): Pernier (1935) Farbtafel XXa; Zervos (1956) Abbildung 324 links; Walberg (1976) Abbildung 23.
[160] Brückenskyphos HM 10613: F. 1366 - Levi (1976) Tafel 104b.
[161] Miniatur-Amphore HM 10075: F. 4012 - Levi (1976) 367, Tafel 76h; Betancourt (1985) Tafel 12B; Schiering (1988), Tafel 65,2.
[162] Brückenskyphos HM 10187 (TAFEL VII,1): F. 171 - Zervos (1956) Abbildung 373; Levi (1976) 50, Tafel 109b; Schiering (1998) 130, Tafel 18,1; Walberg (1976) Abbildung 9.
[163] Schüssel HM 18438 (TAFEL XI,4): F. 5599 - Levi (1976) 586, 594, Tafel 191a und c.
[164] Rhyton HM 7699 aus Knossos (TAFEL XVI,1): Evans I (1964) Textabbildung 436 C.

II. Gefäße und Motive

Knossos (TAFEL XVI,1) tragen die Darstellung einer schrägstehenden Palme. Gemeinsam ist diesen drei Darstellungen mit der Darstellung von Pithos-Amphore AM AE. 1654[165] (TAFEL X,3) die Angabe der Fruchtstände durch roten Akzent.

Nur palmenähnlich sind die Motive auf den Amphoren HM 1681[166] (TAFEL IX,4) und HM 10572[167] (TAFEL IX,3)[168].

"Lilie"-Motiv

Die Madonnen- oder Königslilie (lilium candidum), in ihren beiden modernen Namen durch christliche Symbolik geprägt, wuchs noch bis zum Ende des 19. Jahrhunderts als Wildpflanze in einigen Gegenden Kretas, so bei Chania[169].

Die Darstellung einer Lilie findet sich bei der einhenkligen Schale HM 10583 (TAFEL XI,2) mit den Tropfengestalten seitlich der zentralen Figur, sowie bei der Schale mit Ständer HM 10576 in der Hand der mittleren Tropfengestalt. Bei einer Kanne aus Knossos[170] wächst sie mit einer weiteren, farnähnlichen Pflanze aus der Bodenlinie. Auch die große Blüte auf der Schüssel HM 18438 (TAFEL XI,4) trägt lilienähnliche Züge[171].

"Krokus"-Motiv

Ein Beispiel der seltenen keramischen Erzeugnisse der mittelminoischen Zeit, bei denen das Motiv – trotz mittiger Position – kein organisches Verhältnis zum Gefäß hat, ist der schon erwähnte Miniatur-Pithos HM 17971[172] mit "Krokus"-Motiv[173]. Auch bei der Miniatur-Amphore HM 10610 (TAFEL XV,1) und bei dem Brückenskyphos HM 9496 (TAFEL VIII,1) aus der Kamares-Höhle wächst jeweils ein Krokus ("crocus sativus cartwrightianus") direkt aus dem Boden. Auf der Tasse HM 14284 aus Knossos befindet sich, sehr abgerieben und heute nur noch im Seitenlicht zu erkennen, ein "Krokus"-Motiv direkt oberhalb der Girlande.

"Strandnarzisse"-Motiv

Eine Darstellung, die durch Wiederholung der gleichen Details ebenfalls offensichtlich eine bestimmte Pflanze wiedergeben soll, ist das hypothetisch so benannte "Strandnarzisse"-Motiv. So trägt der Krug HM 10575 (TAFEL V,6) an allen vier Ecken der Schauseiten ein Motiv, welches wir nur auf den zweiten Blick als Blüte – von der Seite her gezeigt – erkennen können, und von denen eines auf jeder Gefäßseite, wie schon erwähnt, gleichzeitig als Auge des Gefäßes funktioniert. Aber es gibt diese Darstellung auch auf weiteren Gefäßen, so auf der Tasse HM 10416[174] (TAFEL XIV,4), auf dem hohen Stamnos HM 1680[175] (TAFEL X,1) und, ohne die roten Kreise, auf dem Brückenskyphos HM 10152[176] (TAFEL VIII,5). Des Weiteren befindet sich das Motiv auf Amphore HM 17972[177], dort mit mehreren Außenblättern, sowie bei einem Amphorenfragment aus Phaistos[178]. Eventuell lässt sich gar die unter dem Einfluss des Jugendstils verunklärend restaurierte Darstellung auf der stark restaurierten Amphore AM AE. 852[179] aus Knossos (TAFEL IX,6) auf dieses

---

[165] Pithos-Amphore AM AE. 1654 aus Knossos (TAFEL X,3): Zervos (1956) Abbildung 390; Evans I (1964) Textabbildung 190a, Evans II,2 (1964) Textabbildung 298; Walberg (1976) Abbildung 3; Betancourt (1985) Tafel 12I; Schiering (1998) Tafel 67,4. Die Pithos-Amphore befindet sich jeweils zur Hälfte im Archäologischen Museum Herakleion und im Ashmolean Museum Oxford. HM-Inventarnummer unbekannt. Die fehlende Hälfte ist jeweils ergänzt. Die häufigste Abbildung dieses Stücks ist freilich die ergänzte Seite in Herakleion, bei welcher die rote Kennzeichnung der Fruchtstände fehlt.
[166] Amphore 1681 (TAFEL IX,4): Pernier (1935) Farbtafel XXV; Zervos (1956) Abbildung 358; Schiering (1998) Tafel 65,4.
[167] Amphore HM 10572 (TAFEL IX,3): F. 609 - Levi (1976) 68, Tafel 69a,b (dort fälschlich: a,c); Walberg (1976) Abbildung 4a; Scheiring (1998) Tafel 64,1.
[168] Weitere Beispiele für das "Palme"-Motiv: Krug Levi (1976) Textabbildung 323 (F. 969); Stamnos Levi (1976) 72a - bei Schiering (1998) Tafel 69,5.
[169] Siehe Sfikas (2000) 11.
[170] Kanne aus Knossos HM-Inventarnummer unbekannt (Evans I (1964) Textabbildung 196).
[171] Weitere Beispiele für Liliendarstellungen: Fragment einer Schale Levi (1976) Tafel 191b (F. 3596); Amphore Levi (1976) Tafel 191e (F. 4987).

[172] Miniatur-Pithos HM 17971: F. 5296 - Levi (1976) 567, 594, Tafel 205b.
[173] Weitere Beispiele für das "Krokus"-Motiv sind Miniatur-Pithos Levi (1976) Tafel 205g, h (F.4491); Miniatur-Pithos Levi (1976) Farbtafel LXXXIIIa (F. 5197); Tasse Evans IV,1 (1964) Farbtafel XXVIII C1. Die beiden erstgenannten Beispiele aus Phaistos sind direkte Vergleiche zu Miniatur-Pithos HM 17971.
[174] Tasse HM 10416 wurde nicht im Original gesehen: Levi (1976) 158, Tafel 131m (F. 974).
[175] Stamnos HM 1680 wurde nicht im Original gesehen: Pernier (1935) Farbtafel XXXII, Betancourt (1985) Textabbildung 74; Schiering (1998) Tafel 69,6.
[176] Die Darstellung des Brückenskyphos HM 10152 (Tafel VIII,5) bei Levi (1976) 50, Farbtafel XXXIVc (F. 189) konnte im Depot des Archäologischen Museums Herakleion verifiziert werden.
[177] Amphore HM 17972: F. 3670 und 71 - Levi (1976) 484, Tafel 73b und Farbtafel XXIXa; Schiering (1998) Tafel 68,3.
[178] Siehe Levi (1976) 484 Textabbildung 741 (F. 3670).
[179] Amphore AM AE. 852 befindet sich im Ashmolean Museum, Oxford. Sie wurde vom Autor nicht im Original gesehen. Nach Schiering (1998) 185 und Tafel 66,1 trägt sie "ein märchenhaftes Blumengebilde" und ist "eindeutig jünger" als die zuvor besprochenen Gefäße der Stilstufe Mittelminoisch II. Seine Abbildung – ohne Abbildungsnachweis, vergleiche Schiering (1998) 254 – stammt ursprünglich aus Evans I (1964) Farbtafel VII nach Seite 596. Dort findet sich auch der Hinweis, dass es sich bei dem Aquarell um eine freie Ergänzung nach Fragmenten handelt.

II. Gefäße und Motive

Motiv zurückführen[180]. Zur hypothetischen Benennung Strandnarzisse ("pancratium maritimum") führt die Ähnlichkeit mit dem Naturvorbild; mit den äußeren Blütenblättern dargestellt kommt sie ihrem Vorbild sogar näher als die späteren Wandmalereien von Thera[181].

"Myrte"-Motiv

Die Schüssel HM 18438 (TAFEL XI,4) weist neben der schon erwähnten Darstellung einer Palme eine Reihe schwer benennbarer Pflanzenmotive auf. Eine herzförmige Pflanze und eine prachtvolle, lilienähnliche Blüte – von der Seite dargestellt – sind botanisch nicht sicher zu fassen, zumal in beiden Fällen die Art der Darstellung singulär ist. Möglicherweise aber lässt sich die vierte der Pflanzen als Myrte ("myrtus communis") bestimmen. Die auch auf anderen Gefäßen wiederholte Darstellung lässt, im Gegensatz zu den anderen beiden Pflanzen, zumindest ahnen, dass es sich hierbei um eine für den antiken Betrachter erkennbare Pflanze gehandelt haben könnte. So findet sich das "Myrte"-Motiv neben neupalastzeitlichen Wandmalereien[182] auch auf Rhyton HM 17979[183] (TAFEL XVI,3) sowie zwei weiteren Rhyta aus Phaistos[184]. Wie auch beim "Strandnarzisse"-Motiv geht es hierbei weniger um die Frage, ob die botanische Zuweisung korrekt ist, sondern um die Feststellung, dass dieses Motiv durch Wiederholung und Art der Darstellung für den antiken Betrachter eine bestimmte Pflanze angezeigt haben muss.

"Pflanze"-Motiv

Mit dem "Pflanze"-Motiv dagegen werden hier Pflanzendarstellungen bezeichnet, die – meist als einige von der Bodenlinie her aufsteigende Pinselstriche entworfen – botanisch nicht genauer bestimmbar, für uns nur allgemein als Pflanze erkennbar werden.

Bei den palmenähnlichen Darstellungen auf den Amphoren HM 1681 (TAFEL IX,4) und HM 10572 (TAFEL IX,3)[185] und bei den Halbblüten mit Stängel im Wellenband auf Tasse HM 8406 (TAFEL XIII,4) ist unklar, ob in antiker Wahrnehmung nicht eine botanische Bestimmbarkeit gegeben war. Auch die herzförmige Pflanze und die phantastisch anmutende lilienähnliche Blüte auf Schüssel HM 18438 (TAFEL XI,4), sowie die Pflanze neben der Palme auf Rhyton HM 7699[186] (TAFEL XVI,1) könnten Informationen zu ihrer Bestimmung in sich tragen, die heute nicht mehr lesbar sind. Auch der Zweig mit eng am Stängel sitzenden länglich-ovalen Blättern auf einem Becher aus der Kamares-Höhle[187] oder das einem Olivenzweig ähnliche Motiv auf Skyphos HM 10683 (TAFEL XVIII,5), ebenso die farnähnlichen Darstellungen auf Brückenskyphos HM 9496 (TAFEL VIII,1), Krug HM 17987 (TAFEL V,5, auf der Rückseite) und auf der schon gesehenen Kanne aus Knossos[188] mögen dem antiken Betrachter botanisch etwas gesagt haben.

Tatsächlich einfach nur Pflanze, und damit ist nicht gemeint, dass kein lateinischer Name für sie gefunden werden konnte, sondern dass die Darstellungen zu unspezifisch sind, um auch in der antiken Wahrnehmung mehr als "Pflanze" bedeutet zu haben, sind die Motive auf Vase HM 1673[189] (TAFEL XVIII,1), auf dem kleinen Becher HM 8853[190] aus Knossos (TAFEL XVIII,2), auf dem Miniatur-Skyphos F. 2681[191] und auf den Tassen HM 10617[192] und HM 10652[193].

Offensichtlich konnte der Aquarellist nicht an sich halten, und bemalte außer dem Aquarell und den Ergänzungen der Amphore auch die eingepassten antiken Fragmente selbst. Siehe die Photographien Betancourt (1985) Tafel 13F und Brown (1994) Abbildung 30b.

[180] Ein weiteres Beispiel für das "Strandnarzisse"-Motiv ist der Miniatur-Pithos Levi 205g (F. 4491).
[181] Vergleiche Baumann (1999) 175, Abbildung 359.
[182] Vergleiche etwa das neupalastzeitliche Fresko aus der Karavanserai Knossos: Immerwahr (1990) Tafel 30.
[183] Rhyton HM 17979: dieses Gefäß wurde vom Autor nicht im Original gesehen. Levi (1976) Farbtafel LXXXIVd (F. 4531).
[184] Rhyton Levi (1976) Farbtafel LXXX (F. 5263); Rhyton Levi (1976) Farbtafel LXXXIa (F. 5778).
[185] Weitere Beispiele für palmenähnliche Darstellung: Amphore Levi (1976) Tafel 72b (F. 538) und Fragment Amphore Levi (1976) Textabbildung 345 (F. 1063).
[186] Möbius (1933) 16 vermutet hier durch den Kontext mit der Palme einen Palmwedel. Einzuwenden ist hier, dass das Motiv als aus dem Boden wachsend dargestellt ist.
[187] Becher aus der Kamares-Höhle HM-Iventarnummer unbekannt (Schiering (1998) Tafel 36,2).
[188] Kanne aus Knossos HM-Inventarnummer unbekannt (Evans I (1964) Textabbildung 196).
[189] Vase HM 1673 (TAFEL XVIII,1): Pernier (1935) Textabbildung 227,2.
[190] Kleiner Becher HM 8853 aus Knossos (TAFEL XVIII,2): Evans IV (1964) Textabbildung 53,3.
[191] Miniatur F. 2681 – HM-Inventarnummer unbekannt - Levi (1976) Tafel 213f.
[192] Tasse HM 10617: F. 1453a - Levi (1976) 78, Tafel 127h.
[193] Tasse HM 10652: F. 1453b - Levi (1976) 78. Weitere Beispiele für das "Pflanze"-Motiv: Miniatur-Pithoi F. 2710 (HM-Inventarnummer nicht bei Levi aufgeführt - Levi (1976) 435, Tafel 205a) und Miniatur-Skyphos aus Phaistos HM-Inventarnummer unbekannt (Levi (1976) Tafel 213f); Tasse HM 4754 aus Palaikastro; Tässchen und mehrere Schälchen aus Mallia HM-Inventarnummer unbekannt (HM Vitrine 22), Miniatur-Tasse HM 14274; "Candeliere" HM 17986 (F. 4964 - Levi (1976) 499ff., Tafel 186a, c) am Fuß; Schale mit Beinen Mallia HM 21012; Kelch HM 2695 aus Knossos (MacGillivray (1998) Katalog Nr. 652); eventuell Krug HM 11194 (F. 2170 - Levi (1976) 148, 150, Tafel 23b-c und Farbtafel XIIIb) und Brückenskyphos HM 10155 (F. 231 - Zervos (1956) Abbildung 350; Levi (1976) 50, Farbtafel XXXIVa; Schiering (1998) Tafel 16, 2) mit von der Bodenlinie her wachsenden Lappen. Des weiteren Krug Levi (1976) Textabbildung 77 (F. 537); Levi (1976) Tafel 83b (F. 43); Levi (1976) Tafel 70b (F. 1405); Levi (1976) Tafel 73 a, c-d (F. 872, F. 661, F. 536); Krug aus Poros Schiering (1998)

II. Gefäße und Motive

Erkennbare sächliche Motive:

"Kanne"-Motiv

Auf einem Brückenskyphos HM 1666[194] (TAFEL VI,2) findet sich neben Wellenbändern, eine diffuse rote Fläche einrahmend, die Darstellung von Kannen. Die Darstellung einer Kanne, aber nicht so gedrungen und kugelig wie auf dem Brückenskyphos HM 1666, findet sich auch auf dem Fragment einer Tasse aus KSM # 323 aus Knossos[195] (TAFEL XVII,2). In beiden Fällen ist also eine Kanne dargestellt, in beiden Fällen handelt es sich bei dem Bildträger selbst aber nicht um eine Kanne. Vergleiche zum Motiv der Kanne bieten Siegeldarstellungen[196], deren Häufigkeit vermuten lässt, dass die Kanne als Motiv – und vielleicht damit auch die Kanne als Gefäß – eine verweisende Bedeutung neben ihrer funktionalen Bestimmung als Flüssigkeitsbehälter hatte[197]. Das "Spiel der Gefäße auf Gefäßen" wird uns weiter unten noch beschäftigen[198].

"Doppelaxt"-Motiv

Vermutlich würde das "Doppelaxt"-Motiv auf der "Kamares"-Ware weder auffallen, noch würde es den Namen Doppelaxt tragen, wäre es nicht eines der häufigsten Kultzeichen der Neupalastzeit. Für die mittelminoische Keramik bleibt es in den meisten Fällen unsicher, ob das Motiv tatsächlich als Doppelaxt bezeichnet werden kann, und in wie weit die spätere Bedeutung in dem Motiv schon enthalten ist[199].

Auf der Keramik der älteren Palastzeit sind es vor allem Beispiele aus Knossos, die eine ikonographische Nähe zum späteren Motiv der Doppelaxt besitzen. Relativ deutlich auch durch den Stiel als Doppelaxt gekennzeichnet, findet sich das Motiv auf Amphore HM 2394[200] (TAFEL IX,5). Aber schon der Krug HM 4325[201] aus Knossos, auf der das Motiv als flächiges Muster ausgelegt wird, lässt ebenso wie die stark ergänzte Schale HM 2693[202] aus Knossos Zweifel an einer Deutbarkeit als "Doppelaxt"-Motiv aufkommen. Und auch bei der Pithos-Amphore AM AE. 1654[203] (TAFEL X,3) bleibt nur festzustellen, dass die Henkel doppelaxtförmig gebildet sind. Der tongrundige Krug HM 8836[204] schließlich trägt unterhalb des Ausgusses ein Motiv, welches eine Doppelaxt ohne Stiel darstellen könnte.

Noch zweifelhafter aber sind die Beispiele aus Phaistos. Bei Brückenskyphos HM 10153 (TAFEL VIII,6) und Tablett HM 18593 (TAFEL XI,5) entsteht durch Aussparung eine doppelaxtförmige Fläche. Und auch der Krug HM 10575 (TAFEL V,6) trägt ebenfalls ein durch Aussparung – hier schraffiertes – Motiv ähnlich einer Doppelaxt. In allen drei Fällen aber muss ungeklärt bleiben, ob hier tatsächlich eine Doppelaxt gemeint war.

Nur zwei erkennbar sächliche Motive also auf der mittelminoischen Feinkeramik. Und diese beiden, Kanne und Doppelaxt, lassen in ihrer Verwendung oder späteren Bedeutung auch einen verweisenden Charakter vermuten.

II.2.c. Vergegenständlichter Charakter

Dürfte es nach unserer Vorstellung überhaupt vergegenständlichte Motive geben? Ja. Wir lehnen ja nicht die bisherige Forschung in allen Punkten ab, sondern versuchen anhand dessen, was im Panorama der Motivcharaktere sichtbar wird, zu erkennen und zu verstehen. Nun ist es kein Zufall, dass wir gerade beim Motiv "Wasser" auf dieses Phänomen treffen, welches in der Forschung bisher als Grundlage der mittelminoischen Motivik insgesamt gesehen wurde. Wenn wir die neuzeitlichen Versuche, diesen unförmigen, vielgesichtigen Stoff zu malen, zu zeichnen, zu formen, sammeln würden, würden wir auch da auf viele "abstrakte" Lösungen stoßen. Es kann, unter Einbeziehung der möglichen antiken Wahrnehmung, nur unter einer Bedingung "Vergegenständlichtes" im eigentlichen Sinn geben: Es ist ein Bildkontext gegeben und "ungegenständliche Motive" dienen sich hier gelegenheitsbezogen an, um etwa eine Stofflichkeit darzustellen.

Tafel 6,4; Tasse MacGillivray (1998) Kat. Nr. 230, Stamnos MacGillivray (1998) Kat. Nr. 243.
[194] Brückenskyphos HM 1666 (TAFEL VI,2): Das Objekt konnte ich im Original im Depot des Museums von Herakleion begutachten - Aquarell bei Pernier (1935) Farbtafel XVIIIb.
[195] Fragment aus KSM # 323 (TAFEL XVII,2): Das Objekt konnte in der stratigraphischen Sammlung Knossos eingesehen werden. Abbildung auch bei MacGillivray (1998) Katalog Nr. 278.
[196] Pini (1970) Nr. 239ff.
[197] Vergleiche Stürmer (1985) 119ff.
[198] Siehe Kapitel III.
[199] Auch das christliche Symbol des Kreuzes vereinte sich erst einige Jahrhunderte nach Christi Tod aus den zwei Motiven des Chi-Zeichens und des Marterwerkzeugs – ein Werdegang, und doch für den spätantiken Anhänger des christlichen Glaubens zu jedem Zeitpunkt ganz und vollwertig Symbol.
[200] Amphore HM 2394 aus Knossos (TAFEL IX,5): JHS 21 (1901) 86, Abbildung 12; Buchholz (1959) 16, Abbildung 3a (Zeichnung).

[201] Krug HM 5325 aus Knossos: Evans I (1964) Textabbildung 122 Nr. 1; Schiering (1998) 1,4.
[202] Schale HM 2693 aus Knossos: Evans I (1964) Textabbildung 181; MacGillivray (1998) Katalog Nr. 616; Schiering (1998) Tafel 41,5.
[203] Siehe Anmerkung 165.
[204] Krug HM 8836 aus Knossos: Schiering (1998) Tafel 3,2.

"Wasser"-Motiv

In welchen Fällen lässt sich, aus Motiven wie Spirale, Lappen, Wellenband, roter Fläche abgeleitet und kombiniert, eine Ikonisierung, Vergegenständlichung im Sinne von "Wasser" ausmachen?

Völlig unzweifelhaft ist dies bei dem Delphin-Ständer HM 18199 (TAFEL III,6). Und das nicht in erster Linie, weil die Wellenband-Reihen plastisch gestaltet sind, sondern vielmehr aufgrund des ikonischen Kontexts von Delphin, Muscheln und Koralle. Vergleichsweise einleuchtend, Spirale, Lappen und Wellenband als "Wasser"-Motive zu deuten, ist es bei der in der Hinführung besprochenen Darstellung auf Pithos HM 10679 (TAFEL X,4). Für den Bereich außerhalb des Bildfelds von Fisch und "Lappen" eine räumliche Kohärenz anzunehmen ist zwar doppelte Vorsicht geboten, dennoch erscheint es in diesem Fall nahe liegend[205].

Aber schon bei dem Brückenskyphos HM 18197 (TAFEL VI,4) ist trotz des szenenhaften Charakters der Darstellung die Deutung der breiten (zu großem Teil modern ergänzten) Spiralen als "Wasser"-Motiv zweifelhafter: Grast hier eine Wildziege auf blütenreichem Wiesenhügel, umrauscht von Meereswellen, welche an den durch Band mit Punkten angezeigten Sandstrand ausrollen?

Und bezeichnen die Wellenbänder auf Brückenskyphos HM 10549[206] (TAFEL VII,2) oder Schnabelkanne HM 10593[207] aufgrund ihres gemeinsamen Vorkommens mit dem "Koralle"-Motiv ebenfalls Wasser?

Leichter fällt es dann im ersten Moment, die Wellenbänder, in denen kleine Fische umher schwimmen, als Wasser zu verstehen, wie etwa bei Tasse HM 13615 oder auf Tasse HM 10569 (TAFEL XIII,5) in Kombination mit gepunktetem Kreis[208]. Aber dann bei Tasse HM 6631, bei welcher das Wellenband nur noch von gepunkteten Kreisen umspielt wird: Wurde hier vom antiken Betrachter ein "Wasser"-Motiv gesehen? "Vergegenständlicht" bedeutet einen an den Bildkontext gebundenen Ausdruck: Bei Tasse HM 8406 (TAFEL XIII,4) wachsen im Wellenband die Blüten.

Spirale, Lappen und Wellenband konnten also auch genutzt werden, um Wasser vergegenständlichend darzustellen. Offen bleiben muss, ob bei Brückenskyphos HM 1666 (TAFEL VI,2) mit der Darstellung von Kannen das zweifache breite Wellenband und die diffus rote Fläche darunter für einen Wasserlauf oder eine Quelle stehen. Da auch direkte Vergleiche fehlen, gibt es keine Möglichkeit, dieses Motiv vergegenständlichten Charakters sicher zu fassen.

Das Phänomen der Motive mit vergegenständlichtem Charakter wurde am Beispiel des "Wasser"-Motivs vorgeführt. Einzelne weitere Beispiele vergegenständlichter Motive ließen sich dem hinzufügen, so etwa die Umdeutung der laufenden Spirale – vertikal genutzt als Ranke – auf dem Rhyton F. 1905 (TAFEL XVI,2). Auch das später besprochene "Spirale mit Dreiecksfläche"-Motiv könnte man hier einordnen, ist es doch als Schuppenansatz des Fisches auf dem schon besprochenen Pithos HM 10679 (TAFEL X,4) eingesetzt. Und man könnte die Motive der Tasse HM 5797[209] (TAFEL XII,2), also die etagierte Reihung von Muscheln und in der oberen Zone von wechselnd Koralle und "Halbbogen mit Strichen"-Motiv auf andere Tassen wie zum Beispiel HM 10116[210] (TAFEL XII,5) übertragen. Somit wären die Muscheln hier durch damit vergegenständlichte Bögen gekennzeichnet. Allerdings ist diese Übertragung nicht nachweisbar, vielmehr werden wir gerade bei den Motiven mit dem Chamäleon-Charakter einer gelegentlichen Vergegenständlichung auf die Grenzen unserer Fähigkeit verwiesen, die mittelminoische Motivik nachzuvollziehen.

II.2.d. Verweisender Charakter

Einen verweisenden Charakter haben Motive, die als isolierte Zeichen auf den Gefäßen vorkommen, und deren Verwendung einen nichtdarstellenden oder überstofflichen Charakter nahe legt. Unterstützt wird das Erkennen der Motive mit verweisendem Charakter durch das Vorkommen der Motive in anderen Kontexten, gerade auf Objekten, deren Verwendung auf eine rituelle Nutzung schließen lässt.

---

[205] So sieht auch Walberg (1986) 17f. die "wavy lines" in diesem Zusammenhang als Meereswellen piktorialisiert.
[206] Brückenskyphos HM 10549 (TAFEL VII,2): F. 341 - Levi (1976) 54f., Tafel 108d und Farbtafel XXXIIIc.
[207] Schnabelkanne HM 10593: F. 1298 - Levi (1976) 91f., 95, Tafel 86c.
[208] Wellenband mit Fischen auch Tasse Levi (1976) Tafel 124f (F. 1430).

[209] Siehe Anmerkung 84.
[210] HM 10116 (TAFEL XII,5): F. 445 - Levi (1976) 365, 368, Tafel 126b; Betancourt (1985) Tafel 91. Für einen Zwilling dieses Gefäßes, ebenfalls aus Phaistos, ausgestellt in HM Vitrine 39, sind Fund- und Inventarnummer unbekannt.

II. Gefäße und Motive

"S-Form"-Motiv

Das "S-Form"-Motiv findet sich auf zahlreichen Siegeln[211] und auf rituellen Geräten, so auf einem "Tabett"[212] mit sechs kleinen Gefäßen (TAFEL XVII,6) – gleich vierfach als große umrahmte Einzelform – sowie einer "Wanne"[213] mit doppelter Vertiefung (TAFEL XVII,5), dort vielfach am Rand eingeritzt gemeinsam mit Stieren. Auch ein Kelch aus Knossos[214] ist mit Ritzungen in S-Form versehen. Eine Statuette aus Mochlos[215] trägt zwei große "S" auf dem Gewand. Obwohl Pernier den symbolischen Gehalt des "S"-Zeichens erkannte[216], blieb der Verweischarakter des Motivs in der Folge von der Forschung unbeachtet.

Für die "Kamares"-Ware ist das "S-Form"-Motiv insbesondere auf Amphoren überliefert: bei den Amphoren HM 5835 (TAFEL IX,2) und HM 7837 aus Mallia als isoliertes Seitenmotiv mit gefüllten Enden, bei Amphore HM 10551 (TAFEL IX,1) ebenfalls als Seitenmotiv, aber mit eingerollten Enden. Bei Amphore HM 10572 (TAFEL IX,3) ist das "S-Form"-Motiv rot akzentuiert und in das Hauptbildfeld mit zwei Lappen eingefügt[217].

Bei der hohen Kanne HM 10577 (TAFEL IV,6) ist das "S-Form"-Motiv am Hals, bei Askos HM 18434 (TAFEL V,1) klein am Ausguss angebracht. Auf der einen Seite von Brückenskyphos HM 10152 (TAFEL VIII,5) liegen kleine S in horizontaler Reihung. Bei einem einfachen Kännchen aus Mallia HM 8512 findet sich die S-Form ebenfalls in mehreren Reihen, in den unteren Reihen über Kreuz zur Swastika umformuliert[218].

Auch bei einigen aufwändig gestalteten Stücken stellt sich die Frage, ob das "S-Form"-Motiv in der Komposition bezeichnet werden sollte. Unsere Unsicherheit besteht hier, weil es sich um Beispiele handelt, bei denen das Kriterium der Isoliertheit nicht eingehalten ist. So bei der Schnabelkanne HM 10073 (TAFEL IV,1) und bei dem hohen Stamnos HM 1680[219] (TAFEL X,1). Bei der Amphore HM 10551 (TAFEL IX) ist vergleichsweise eindeutig mit der S-Form gespielt: Das isolierte "S" als Seitenmotiv wird von dem Motiv des Argonauten fünffach wieder aufgenommen.

"Rundschild"-Motiv

Das "Rundschild"-Motiv unterscheidet sich von der Rosette dadurch, dass es eingerahmt ist von einem Kreis[220], sowie dadurch, dass es in seinem Vorkommen einen anderen Charakter hat. Das Motiv ist auf dem zeitgenössischen Diskos von Phaistos HM 1358[221] zu finden und hat dort aller Wahrscheinlichkeit nach – wie die anderen Zeichen auch – neben seiner zeichenhaften auch eine bildhafte Bedeutung. Aufgrund der exponierten Position auf den Gefäßen, der Anwendung spezieller Techniken wie Stempelung, Prägung oder Barbotine und der bildkontextlosen Anbringung steht bei der "Kamares"-Ware sein verweisender Charakter im Vordergrund. Die Benennung als "Rundschild" stellt hier keinen Deutungsversuch dar.

Bei dem Brückenskyphos HM 14276[222] aus Knossos ist das "Rundschild"-Motiv gestempelt und weiß umrahmt, bei dem Miniatur-Krug HM 3016[223] aus Hagia Triada in eine runde konkave Vertiefung eingetragen. Bei dem Brückenskyphos HM 11196 (TAFEL VII,4) aus Phaistos ist das Motiv plastisch erhöht. Des weiteren erscheint das "Rundschild"-Motiv als isoliertes Haupt- oder Seitenmotiv[224].

"Kreis mit Lappen"-Motiv

Denkbar ist auch, dass ein Motiv, das wir von Siegeln her kennen[225], das ferner als Einlegearbeit von einem zeitgenössischen Steingefäß[226] aus Phaistos und auch von einem Goldstempel[227] her bekannt ist, zu

---

[211] Vergleiche Pini (1970) Nr. 186ff.
[212] HM Vitrine 42. Abbildungen siehe etwa Marinatos – Hirmer (1973) Tafel 72 und 73.
[213] Pernier (1935) Textabbildung 106; Zervos (1956) Abbildung 392.
[214] Siehe Schiering (1998) Tafel 34,3.
[215] Siehe Marinatos – Hirmer (1973) Tafel 10 oben; Schiering (1998) Tafel 80,1.
[216] Pernier (1935) 231.
[217] Weitere Beispiele des Vorkommens des "S-Form"-Motivs auf Amphoren sind Amphore Levi (1976) Textabbildung 345 (F. 1063) und Amphore Levi (1976) Tafel 72b (F. 538). Eventuell wird auch auf Amphore HM 1681 (TAFEL IX,4) bei dem vertikalen "laufende Spirale"-Motiv mit "Verbindungslinie"-Motiv mit der S-Form gespielt.
[218] Weitere Beispiele für das "S-Form"-Motiv: Amphore Levi (1976) Farbtafel XXIIb (F. 6458); Becher MacGillivray (1998) Kat. Nr. 123 mit Reihe liegender "S".

[219] Siehe Anmerkung 175.
[220] Anders Muenzer (1999) und Schiering (1998) 129, welche das hier als "Rundschild" bezeichnete Motiv "Rosette" nennen.
[221] Siehe etwa Marinatos – Hirmer (1973) Tafel 72 und 73.
[222] Brückenskyphos HM 14276 aus Knossos: Schiering (1998) 129, Tafel 20,3.
[223] Miniatur-Krug HM 3016 aus Hagia Triada: Zervos (1956) Abbildung 311 Mitte; Schiering (1998) Tafel 2,1.
[224] So Brückenskyphos HM 11240 (F. 2030 - Levi (1976) 129, Textabbildung 178) als isoliertes Seitenmotiv; kleiner Krug HM 2432 aus Knossos (Schiering (1998) Tafel 6,3) als isoliertes Hauptmotiv; Brückenskyphos HM 9478; eventuell (nur drei Punkte) Vase HM 2675 aus Knossos (MacGillivray (1998) Katalog Nr. 614). Des weiteren Brückenskyphos Levi (1976) Farbtafel XIIId (F. 62).
[225] Vergleiche Pini (1970) 209ff.
[226] Pernier (1935) Textabbildung 105.
[227] HM Vitrine 101.

II. Gefäße und Motive

den Motiven mit anzeigendem Charakter gezählt werden muss. Das Motiv besteht aus einem Kreis, aus dem gegenständig zwei Lappen wachsen. Für die "Kamares"-Ware ist dieses Motiv selten überliefert, so auf der Stirn des tierköpfigen Rhyton F. 2592[228] (TAFEL XVI,4), der Innenseite von Tasse HM 10570[229] und auf einem Halsfragment eines Kruges[230]. Die gelegentliche Gestaltung mit vier Lappen, so bei Tablett HM 18593 (TAFEL XI,5) und in Tasse HM 10569 (Außenseite dieses Gefäßes: TAFEL XIII,5) lässt sich unter Umständen mit der Anbringung auf das Gefäß – in der Mitte von Schale und Tasse – erklären.

Eine Unsicherheit birgt die ikonographische Nähe zum "Keim"-Motiv. So fällt es schwer, dem Kreis mit Lappen am Hals der Kanne HM 10586 (TAFEL IV,5) oder der isolierten Spirale mit zwei Lappen unterhalb des Gefäßrandes vom Stamnos HM 10398 (TAFEL III,4) eindeutig die eine oder andere Motivbenennung zu geben. Diese unsere Unklarheit als antike Wahrnehmung zu nehmen und die beiden Motive aufgrund von Ähnlichkeiten und trotz verschiedenen Motivcharakters als zwei unterschiedlich stark ornamental gefestigte Ausdrucksformen der gleichen Bedeutung aufzufassen, wäre nicht angemessen. Auf der sicheren Seite zu bleiben heißt, durch Vergleiche die Existenz des darstellenden "Keim"-Motivs ebenso erkannt zu haben wie die Existenz des "Kreis mit Lappen"-Motivs mit verweisendem Charakter, und festzustellen, dass eine Unterscheidung der Motive uns nicht in jedem Fall möglich ist.

Für die weitere Argumentation ist wichtig, dass "S-Form"-Motiv, "Rundschild"-Motiv und "Kreis mit Lappen"-Motiv in ihrer meist isolierten Verwendung im Bildraum der "Kamares"-Ware und durch vergleichbare Darstellungen auf rituellen Geräten als Motive mit verweisendem Charakter angesprochen werden können. Das "S-Form"-Motiv findet sich in Gemeinschaft mit Zeichen vermutlich ebenfalls verweisenden Charakters wieder, das "Rundschild"-Motiv mit seiner wohl gleichermaßen darstellenden wie verweisenden Bedeutung begegnet wieder als Hieroglyphe auf dem Diskos von Phaistos[231].

II.2.e. Syntaktischer Charakter

Häufig werden die Bezüge von Motiv und Gefäß durch Spiegelung der Motive erreicht, wie weiter unten besprochen wird[232]. Aber es gibt auch eine Anzahl von Gefäßen, bei denen die Verbindung über ein Motiv hergestellt wird. Zu unterscheiden sind die Motive syntaktischen Charakters von den Motiven gefäßbezogenen Charakters in der Weise, dass sie nicht als rahmend vermittelnde Glieder zwischen Gefäßkörper und Bildraum fungieren, sondern im Bildraum selbst den Motivaufbau strukturieren. Einige Beispiele für syntaktisch angewendete Motive wurden schon erwähnt[233], und auch keines der folgenden, beispielhaft gewählten Motive kommt ausschließlich syntaxgebend vor.

"Laufende Spirale"-Motiv

Dass sich die Spirale erst auf den zweiten Blick als eines der häufigsten Motive auf mittelminoischer Feinkeramik herausstellt, liegt insbesondere an der Vielseitigkeit ihres Auftretens. Vermutlich vergegenständlicht findet sie sich bei Pithos HM 10679 (TAFEL X,4) als Wasser und bei Rhyton F. 1905 (TAFEL XVI,2) als Ranke, materialnachahmend geritzt bei Brückenskyphos 5798 (TAFEL VI,3; Detail TAFEL II,3) als gereihte Einzelspirale. In Form breiter Spiralen ist das Motiv auf Tasse HM 10147[234], vertikal bei Amphore HM 1681 (TAFEL IX,4), verdoppelt auf Krug mit abgesetztem Ausguss aus der Kamares-Höhle[235] und auf überkreuztem Band auf Brückenskyphos HM 10093[236] eingebracht. Am häufigsten aber ist die zonale Darstellung wie bei Kanne HM 10577 (TAFEL IV,6), Rhyton HM 17988 (TAFEL XVI,5) oder bei dem Krug mit abgesetztem Ausguss HM 5823 (TAFEL V,3)[237].

---

[228] Rhyton F. 2592: Die HM-Inventarnummer ist nach Levi (1976) 770 unlesbar oder gelöscht - Levi (1976) 437, 439, Tafel 162c und Farbtafel LXVIIIa,c; Betancourt (1985) Tafel 12F.
[229] Tasse Hm 10570: F. 521 - Levi (1976) 64, Textabbildung 74 und Farbtafel XLVIIb-c; Schiering (1998) Tafel 41,1;
[230] Pernier (1935) Farbtafel XVIIc.
[231] Siehe Anmerkung 221.
[232] Siehe Kapitel V.

---

[233] So etwa das "Wellenband"-Motiv. Siehe Seite 11 und Anmerkung 40.
[234] Tasse HM 10147: F. 354 - Levi (1976) 376, Textabbildung 586, Tafel 211n und Farbtafel LXXXIVb. Motiv auch bei Brückenskyphos Levi (1976) Tafel 198f (F. 5509); Brückenskyphos Pernier (1935) Farbtafel XIXa als Einzelmotiv; Brückenskyphos Pernier (1935) Farbtafel XIXb laufend; Tasse Levi (1976) Tafel 207c (F. 7989).
[235] Krug mit abgesetztem Ausguss aus der Kamares-Höhle HM-Inventarnummer unbekannt (Dawkins - Laistner (1913) Tafel IV oben; Zervos (1956) Abbildung 337 Mitte; Schiering (1998) Tafel 11,2). Diese Variation des Motivs auch bei Krug mit abgesetztem Ausguss HM 10550 (F. 306 - Levi (1976) 55, Tafel 99b und Farbtafel XXXIIIa) und Stamnos HM 5383 aus Mallia.
[236] Brückenskyphos HM 10093: F. 427 - Zervos (1956) Abbildung 334 links; Levi (1976) 366, 368, Tafel 107b; Schiering (1998) Tafel 17,3.
[237] Sowie bei Korb HM 18435; Kännchen HM 17984 (F. 4829 - Levi (1976) 529, 533, Tafel 82f); Brückenskyphoi HM 10511, HM 10523, HM 14270 und HM 10510 (F. 897 - Levi (1976) 74, Tafel 138b); Amphore HM 10160 (F. 224 - Levi (1976) 49, Tafel 72c; Schiering (1998) Tafel 65,3); Pithos HM 10678 (F. 2052 - Marinatos - Hirmer (1973) Farbtafel IX; Levi (1976) 27f., Tafel 168a, d und Farbtafel LXXIb; Betancourt (1985) Tafel 11E; Schiering (1998) Tafel 21,1; Siebgefäß HM 10585 (TAFEL III,3); Tassen HM 14369 (F. 2585 - Levi (1976) Tafel 128r), HM 10147 und HM-Inventarnummer unbekannt (Pernier (1935) Farbtafel XXVI; Zervos (1956) Abbildung 351; Schiering (1998) Tafel 39,1), HM 10079 (F. 439, Zervos (1956) Abbildung 326 rechts; Levi (1976) 365, 368, Tafel 128l; zweimal), HM 10161 (F. 94 - Levi (1976) 52, Farbtafel LVd), HM 10558 (F. 532 - Levi (1976) 42f., Tafel 117e), HM 1953, HM

II. Gefäße und Motive

Bei Stamnos HM 10398 (TAFEL III,4) schließlich erkennen wir den syntaktischen Charakter des Motivs der laufenden Spirale[238]. Spannend ist, dass die laufenden Spiralen hier, in ihrer syntaktischen Verwendung, die gleiche Gestaltung erfahren wie etwa als zonales Motiv: die Verbindung zwischen den beiden Spiralbällen wird gebläht, vegetabilisiert und mit rot gestaltet. Dieses Phänomen wird hier "Verbindungslinie"-Motiv genannt.

"Verbindungslinie"-Motiv

Ein "Verbindungslinie"-Motiv zu benennen, mag seltsam erscheinen. Trotz seiner jeweils sehr eigenen Gestaltung ist es aber doch in der Summe eindeutig als Motiv zu greifen. Häufig kommt die Verbindungslinie gemeinsam mit der laufenden Spirale als syntaktisches Motiv vor. Meist ist die Binnengestaltung der Verbindungslinie rot. Bei Mischgefäß HM 10561 (TAFEL III,5) ist sie mit zwei roten Linien in laufender Spirale dargestellt, auf Stamnos HM 10398 (TAFEL III,4) vegetabilisiert und mit roter Ader. Der Krug mit abgesetztem Ausguss HM 5823 (TAFEL V,3) trägt das "Verbindungslinie"-Motiv durch rote Streifen über der Linie zwischen den Spiralen, die Amphore HM 1681 (TAFEL IX,4) in vertikaler laufender Spirale, bei Tablett HM 18593 (TAFEL XI,5) ist das Motiv kariert. Bei Schnabelkanne HM 10073 (TAFEL IV,1) schließlich findet sich die Verbindungslinie einmal hochkant gebläht und mit "Rote Scheibe"-Motiv, einmal vertikal als Schoten gestaltet[239].

Geübten Blickes erkennen wir nun auch, dass die Tasse HM 7696[240] (TAFEL XVIII,3) falsch ergänzt wurde. Statt plumper Linien an einem roten Etwas handelt es sich um eine mit weißer Schraffur versehene rote Verbindungslinie, die oben und unten von einem isolierten "Spirale mit Dreiecksfläche"-Motiv flankiert wird[241].

"Girlande"-Motiv

Wie eine Girlande hängt ein Streifen quer über den Bildraum. Ein solches Motiv findet sich einmal vielleicht in bildlichem Zusammenhang bei dem schon gesehenen Brückenskyphos HM 18197 (TAFEL VI,4), die "Erde" mit Wildziege und Blüte zum "Wasser" der Wellenbänder hin abgrenzend. Weitere Beispiele für das "Girlande"-Motiv sind der kleine Eimer HM 18436[242] (gepunktet und mit Rosetten im Band) und der Brückenskyphos HM 10564 (mit gereihtem "Blätter"-Motiv). Außerdem gibt es eine Serie von Tassen aus Palaikastro[243] mit diesem syntaktischen Motiv (Tafel XIV,6). In den durch die Girlande entstehenden Feldern sind Keim, Krokusblüte, Zweig oder Swastika eingebracht.

Nicht syntaktischen Charakters, sondern tatsächlich gleichsam aufgehängt ist das "Girlande"-Motiv am oberen Rand der dunkel gefirnissten unteren Hälfte bei Krug HM 18433[244] aus Phaistos und bei Krug mit Barbotine aus Knossos[245].

II.2.f. Akzentuierender Charakter

Motive mit akzentuierendem Charakter heben einen Aspekt bei anderen Motiven hervor. Ihr Realitätsgrad ist somit schwer bestimmbar. Welchen Realitätsgrad hat bei der neuzeitlichen Darstellung eines Magneten das magnetische Feld, meist visualisiert als eng beieinander liegende, den Quader, welcher den Magneten darstellen soll, umkreisende Linien?

"Rote Ader"-Motiv

Das "Rote Ader"-Motiv ist als Akzentuierung vor allem bei vegetabilen Motiven verwendet. Es ist so häufig und variationsreich

---

10528 (F. 781 - Levi (1976) 88, 90, Tafel 133q; Betancourt (1985) Tafel 9H, gepunktet); Schalen HM 10576 (im Außenring) und HM 2670 aus Knossos (Evans I (1964) Textabbildung 439; Schiering (1998) Tafel 51,1); Mischgefäß HM 10561 (TAFEL III,5); Tablett HM 10592 (TAFEL XI,6); Krater HM 10578 (TAFEL III,1) in Standring; "Candeliere" HM 17986 in Schaleninneren; Rhyton HM 10582 (F. 1036 - Levi (1976) 100, Tafel 115a,d; Walberg (1976) Abbildung 17; Schiering (1998) Tafel 27,5); Miniatur-Pithos HM 10568.
[238] Weitere Beispiele: Kanne HM 10586 (TAFEL IV,5); in Variation Tasse HM 10606 (TAFEL XII,6); Schale mit Ständer HM 10580 (TAFEL III,2); Brückenskyphos HM 8881; Tasse HM 5784.
[239] Weitere Beispiele für das "Verbindungslinie"-Motiv: Brückenskyphos HM 17985 in planem Rot; Tasse HM 10108 rot; Tasse HM 7696 zwischen zwei Kreisen, rot, weiß schraffiert; Tasse HM 14377, zwischen zwei Kreisen, schraffiert; Schale HM 2670 vegetabilisiert, Brückenskyphos HM 10556; Tasse Levi (1976) 132m (F. 422).
[240] Tasse HM 7696 aus Knossos (TAFEL XVIII3): Evans II,1 (1964) 371, Textabbildung 206c (Skizze mit korrekter Ergänzung); MacGillivray (1998) 50, Katalog Nr. 996.

[241] Vergleiche die korrekte zeichnerische Ergänzung in Evans II,1 (1964) 371, Textabbildung 206c.
[242] Krug HM 18436: F. 5428 - Levi (1976) 551, Tafel 26d, f und Farbtafel XVa.
[243] Tassen aus Palaikastro HM 4754, HM 3377, HM 3371 und HM 2036, sowie Tasse HM-Inventarnummer unbekannt (Zervos (1956) Abbildung 363 links; Schiering (1998) Tafel 40,1).
[244] Krug Hm 18433: F. 5526 - Levi (1976) 529, 533, Tafel 81c und Farbtafel XXXIa.
[245] Krug aus Knossos HM-Inventarnummer unbekannt (Evans I (1964) Textabbildung 128 und IV (1964) Farbtafel XXVIIIa; Walberg (1976) Abbildung 14; Schiering (1998) Tafel 2,3).

II. Gefäße und Motive

eingesetzt, dass ihm zweifellos über eine rein ästhetische Dimension hinaus Bedeutung zukommen muss.

Die rote Ader findet sich fast durchweg bei den Darstellungen von Palmen wie bei Kanne HM 5937 (TAFEL IV,3), Tasse HM 6627 (TAFEL XII,1) und Brückenskyphos HM 10187 (TAFEL VII,1)[246]. Bei den Palmendarstellungen, bei denen die rote Ader fehlt, sind die Fruchtstände durch rote Farbe akzentuiert wie bei Rhyton HM 7699 (TAFEL XVI,1) und Pithos-Amphore AM AE. 1654[247] (TAFEL X,3). Bei Schüssel HM 18438 (TAFEL XI,4) und bei Krug HM 17987 (TAFEL V,5) sind sowohl der Stamm als auch die Fruchtstände rot akzentuiert. Eine rote Ader findet sich auch bei den palmenähnlichen Gewächsen auf den Tassen HM 10617 und HM 10652.

Die rote Ader als die Ader im naturwissenschaftlich gezeichneten Schnitt durch die Pflanze zu verstehen, entspräche dem botanischen Verständnis des 19. Jahrhunderts. Auf mittelminoischer Keramik findet sie sich auch ohne vegetabilen Kontext, ihre Bedeutung erschöpft sich also nicht in der Beobachtung blutender Pflanzen. In dem "Verbindungslinie"-Motiv kommt die rote Ader bei Mischgefäß HM 10561 (TAFEL III,5) und Stamnos HM 10398 (TAFEL III,4) vor. Manches Mal ist die rote Ader auch nur in breitere bewegte Linien eingebracht wie bei Pithos HM 10680 (TAFEL X,5)[248].

Allerdings ist die Ader nicht zwingend rot, es gibt auch Variationen: bei der Amphore HM 1681 (TAFEL IX,4) findet sich die Ader als unterbrochenes weißes Wellenband in palmenähnlichem Gewächs – bei diesem Gefäß wird mit vertikalen Flächen, die abwechselnd dunkel oder tongrundig sind, gespielt. Das kleine Becherchen aus Knossos HM 8853 (TAFEL XVIII,2) trägt eine weiße Ader auf der roten Pflanze auf tongrundigem Gefäß. Ebenfalls bei dem tongrundigen Skyphos HM 10683 (TAFEL XVIII,5) sind die Farben vertauscht: eine weiß-silberne Wellenlinie führt durch den roten Stängel. Bei der Tasse HM 5800[249] ist die breite Ader rot schraffiert. In allen genannten Fällen handelt es sich um Gefäße, bei denen der ganze Bildraum oder ein Teil davon tongrundig gestaltet ist.

Der Grund dafür, dass auf tongrundiger Fläche keine roten Adern zu finden sind, ist wohl sowohl ästhetischer wie technischer Natur. Das von den Vasenmalern verwendete Steatit-Weiß hält nicht direkt auf dem Tongrund, sondern nur auf dem dunklen Firnis oder roter Farbe. Als Beispiel sei hier Schnabelkanne HM 10073 (TAFEL IV,1) genannt, bei der die Verbindungslinie durch das Schotenmotiv durchgehend war, sich aber bei sonst hervorragendem Erhaltungszustand auf den durch Aussparung des Firnis (und nicht durch rote Farbe) gestalteten Schoten nicht erhalten hat (Detail TAFEL II,1). Im Gegensatz zum sonstigen Verfahren – dunkler Grund, weißer und für die Akzentuierungen roter Auftrag – wird also bei der Erzeugung des Motivs in schwarz der weiße Auftrag für die akzentuierende Binnengestaltung verwendet, was eine stärkere Kontrastierung ermöglicht als Rot auf schwarzem Motiv.

"Rote Scheibe"-Motiv

Bei der Benennung eines Motivs als "rote Scheibe" stellt sich die Frage: Gibt es auf mittelminoischer Keramik auch weiße Scheiben? Überraschenderweise nicht. Natürlich gibt es weiße Scheiben als Teil von "Keim"-Motiven etwa wie bei Kanne HM 10586 (TAFEL IV,5), aber da hier nicht den Motiv-Atomen, sondern den Motiven im antiken Sinne nachgegangen wird, muss festgestellt werden: es gibt keine weißen Scheiben, aber, an exponierten Stellen, immer wieder rote Scheiben. Als Beispiele seien hier Brückenskyphos HM 5833[250] (TAFEL VI,5), Tasse HM 10606[251] (TAFEL XII,6) und Schale HM 8916 (TAFEL XI,1) angeführt[252]. Des Weiteren ist das Innere aller Blütenräder ganz oder teilweise rot gestaltet[253]. Variationen des "Rote Scheibe"-Motivs sind Tasse HM 10082 (TAFEL XII,4) und Tablett HM 18593 (TAFEL XI,5)[254] mit orange-roter Binnengestaltung, hohe Kanne HM 10568 (TAFEL IV,5) mit weißer Binnenzeichnung, Schnabelkanne HM 10073 (TAFEL IV,1) mit Schraffur, Brückenskyphos HM 10153 (TAFEL VIII,6) mit doppelaxtförmiger Aussparung.

---

[246] Und auf Brückenskyphos HM 10613; Miniatur-Amphore HM 10075.
[247] Siehe Anmerkung 165.
[248] Und bei Brückenskyphoi HM 10564 und HM 5822; Tassen HM 10087 und HM 10083 (F. 400 - Zervos (1956) Abbildung 325 links; Levi (1976) 365, 368, Tafel 131b). Nicht im Original gesehen: Tasse Pernier (1935) Farbtafel XXb (direkter Vergleich zu Tasse HM 10087).
[249] Tasse HM 5800: Pernier (1935) Textabbildung 136; Zervos (1956) Abbildung 378 rechts; Betancourt (1985) 10C; Schiering (1998) Tafel 37,8.
[250] Brückenskyphos HM 58933 (TAFEL VI,5): Pernier (1935) Farbtafel XVIa; Zervos (1956) Abbildung 360; Schiering (1998) 127, Tafel 14,3.
[251] Die rote Scheibe zwischen den Halbblüten ist auf der Schwarzweißaufnahme schwer zu erkennen.
[252] Weitere Beispiele sind Tassen HM 10083 und HM 10569 (TAFEL XIII,5) im Tasseninneren; Krug HM 10594; Brückenskyphos aus Knossos, HM-Inventarnummer unbekannt (Evans II,1 (1964) Farbtafel IXf; MacGillivray (1998) Katalog Nr. 1000; Schiering (1998) Tafel 15,2) Brückenskyphos HM 5822 und Pithos HM 7697 je nach Ergänzung. Tasse Levi (1976) Tafel 127i (F. 1445).
[253] Schnabelkanne HM 5722 (TAFEL IV,2); Skyphos HM 10091; Pithos HM 10573 (TAFEL X,6); Amphore HM 5835 (TAFEL IX,2); Amphore HM 7837; Tasse 10180 (TAFEL XIV,3).
[254] Sowie auf Brückenskyphos HM 18193 (F. 4901 - Levi (1976) 521, Tafel 107a und Farbtafel XXXIXd) in horizontaler Reihung.

Ein Beispiel für das "Rote Scheibe"-Motiv bleibt noch zu erwähnen, anhand dessen – neben der farblichen Akzentuierung in Blütenrädern – endgültig klar wird, warum dieses Motiv unter den Motiven akzentuierenden Charakters behandelt wird: der Frosch auf der Miniatur-Amphore HM 5828[255] (TAFEL XV,2). Jenseits des zitierten Diskurses zu Kreis-Wirbelmotiv oder Naturkunde: Wir sehen, sowenig wir es noch verstehen, das Motiv der roten Scheibe und das Motiv Frosch zusammengeführt. Diese Form der Akzentuierung stellt eine Bedeutungspräzisierung dar. Was für uns daran willkürlich oder vieldeutig erscheinen mag, war als bewusste Motivüberlagerung für den antiken Betrachter offensichtlich von inhaltlicher Relevanz.

II.2.g. Materialnachahmender Charakter

Als Motive mit Material nachahmendem Charakter werden die bezeichnet, deren Verwendung auf dem Gefäß das Zitieren eines fremden Werkstoffs zeigt. Es wird sich zeigen, dass es bei den Motiven auf der "Kamares"-Ware weder um Imitation im strengen Sinne geht, noch dass der Wert des nachgeahmten Materials die entscheidende Rolle spielt[256]. Material nachahmende Motive sind ein Sonderfall der darstellenden Motive, denn sie verweisen zwar auf ein Naturvorbild, welches aber den Bildträger thematisiert.

"Koralle"-Motiv

Das Motiv der Koralle könnte ohne Frage auch bei den Motiven darstellenden oder, wie sich noch zeigen wird, verweisenden Charakters stehen; den Einstieg zum "Koralle"-Motiv aber bietet der Material nachahmende Charakter mit der innen und außen bemalten Tasse HM 10080[257] (TAFEL XIV,1).

Der Bezeichnung "Koralle"-Motiv wurde hier statt "schwarzrotweißer Breccia"[258] verwendet, ohne damit einer der beiden Interpretationen den Vorzug zu geben. Letztere wurde in der Forschung aufgrund der Vergleichbarkeit der Darstellungen von zackig weiß umrahmten roten Feldern mit einigen etwa zeitgenössischer Steingefäße aus Mochlos und Pseira an der Nordküste Kretas gewählt[259]. Allerdings ist auch die Bezeichnung "Koralle"-Motiv und damit eine Verbindung zum Meer anhand der Kontextualisierung der rotweißen Verzierung bei Delphinständer HM 18199 (TAFEL III,6) und auch, wenngleich nicht in ikonischem Kontext, bei Tasse mit HM 5797[260] (TAFEL XII,2) denkbar. Die rote Koralle wurde in der Antike den Pflanzen zugeordnet, bei Ovid heißt es: "So wird auch die Koralle, sogleich wenn die Luft sie getroffen, hart, und war doch zuvor zartes Kraut unter Wasser."[261].

Letztlich bleibt diese Frage für die weitere Argumentation unbedeutend. Denn die Tasse HM 10080 ist sowohl für die Nachahmung von Breccia-Gestein als auch für die Nachahmung von Koralle im Sinne einer echten Materialimitation durch ihren Knick gleichermaßen ungeeignet[262]. Und auch die Kranzanemonen ähnlichen Applikationen auf Krater HM 10578 (TAFEL III,1) und Schnabelkanne HM 10579[263] (TAFEL IV,4) würden weder auf Breccia-Gestein noch auf Korallenriffen besonders gut gedeihen. Das "Koralle"-Motiv ist also nicht Imitation im illusionistischen Sinn, sondern vielmehr Referenz, Zitat, Nachahmung. Auch die aufzählende Darstellungsform im Wechsel mit dem "Halbbogen mit Strichen"-Motiv auf Brückenskyphos HM 10549 (TAFEL VII,2) sowie den Tassen HM 10116 (TAFEL XII,5) und HM 5797 (TAFEL XII,2), und auch das Spiel mit den Gefäßhälften bei Tasse HM 10632[264] (TAFEL XIII,2), deren eine Seite mit Bögen, die andere mit dem "Koralle"-Motiv verziert ist, sabotieren einen Material imitierenden Effekt[265].

Einen Beleg für die Richtigkeit der Einschätzung, dass die Koralle nicht nur Material imitierend oder darstellend verstanden wurde, gibt die isolierte Darstellung einer Koralle in Kombination mit dem verweisenden "Kreis mit Lappen"-Zeichen auf Rhyton F. 2592 (TAFEL XVI,4)[266], doch hierzu später[267] mehr.

---

[255] Siehe Anmerkung 62.
[256] Vergleiche auch Buchholz (1999) 282ff.
[257] Tasse HM 10080 (TAFEL XIV,1): F. 396 - Levi (1976) 365, 368, Tafel 131l; Walberg (1976) Abbildung 24a; Schiering (1998) Tafel 39e.
[258] Schiering (1960) 20.
[259] Schiering (1960) 17ff. Vergleiche Levi (1976) Tafel 232ff. zu den phaistosschen Funden aus Stein, unter ihnen durchaus bearbeiteter Konglomeratstein, wenngleich eben nicht von jener malerischen Marmorierung von abgesetzten roten Einschlüssen weiß umrandet, wie es die Funde aus Mochlos und Pseira besitzen.
[260] Siehe Anmerkung 84.
[261] Ovid (1968) 577 (XV. Buch). Siehe auch Dioskurides (1902) 542f. (Buch V) und Plinius (1995) 27 (Buch XXXII, 22).
[262] So auch Schiering (1960) 18f.
[263] Siehe Anmerkung 112.
[264] Tasse HM 10632 (TAFEL XIII,2): F. 1440 - Levi (1976) 93, Tafel 126l.
[265] Weitere Beispiele für das "Koralle"-Motiv: Schnabelkanne 10593 (sehr linear); Tasse HM 10631 (F. 1367 - Levi (1976) 93, Tafel 127c); Vase HM 10331 F. 170 - Levi (1976) 53, Textabbildung 50); Deckel der Tonschatulle HM 10614 (F. 1363 - Levi (1976) 127, Tafel 117f); Rhyton Levi (1976) Farbtafel XLVa (F. 5938).
[266] Siehe Anmerkung 228.
[267] Siehe Kapitel IV.

II. Gefäße und Motive

"Kordel"-Motiv

Das "Kordel"-Motiv besteht aus einem roten Streifen, auf dem weißes Zickzack, Wellenband oder Querstreifen aufgetragen sind. Es ist vermutlich ein Beispiel dafür, dass Materialnachahmung nicht zwingend mit einem höheren Wert des zitierten Werkstoffs in Verbindung steht. Denn das Zitat des Werkstoffs wird nicht in einer Form inszeniert, die auf teures Material schließen lassen will. Wäre das Vorbild des "Kordel"-Motivs edler Zwirn, wäre die nicht täuschende, nicht Stofflichkeit transportierende Darstellungsform, wie wir sie auf der Keramik vorfinden, unpassend.

Ein argumentativ wichtiges Beispiel in der Reihe der Gefäße mit materialzitierenden Motiven ist der Krug F. 499[268] (TAFEL V,2), welcher das "Kordel"-Motiv und die noch zu besprechenden Motive der Ringkette und der Spirale mit Dreiecksfläche in schmalen diagonalen Streifen um den ganzen Gefäßkörper gebunden hat. Plastisch gestaltet findet sich die Kordel am Hals der Kanne HM 10586 (TAFEL IV,5) und, wenn nicht alles täuscht, ohne Farbfassung – zusammen mit dem ebenfalls plastisch modulierten "Ringkette"-Motiv – auf dem Stamnos HM 10375 (TAFEL X,2). Weitere Beispiele für das "Kordel"-Motiv sind Stamnos HM 10398 (TAFEL III,4), Tablett HM 18593 (TAFEL XI,5) und – auch hier gemeinsam mit Ringkette – der Miniatur-Krug ID 51[269] (TAFEL XV,5)[270].

"Ringkette"-Motiv

Außer auf den drei gerade in Zusammenhang mit dem "Kordel"-Motiv genannten Beispielen[271] findet sich das "Ringkette"-Motiv noch auf Miniatur-Pithos HM 10567[272] (TAFEL XV,4) und – in bereicherter Variation – bei Krug mit abgesetztem Ausguss HM 5823 (TAFEL V,3). Durch seine Kombination mit anderen materialnachahmenden Motiven und sein plastisches Erscheinen auf Stamnos HM 10375 (TAFEL X,2) ist ein materialnachahmender Charakter nahe liegend. Wie eine solche Ringkette ausgesehen haben mag, berichten uns vielleicht die dann ebenfalls materialnachahmend, da auch aus Ton gestalteten Ringe am Gefäßrand des Kraters HM 10578 (TAFEL III,1). Welches Material imitiert wird, bleibt freilich unklar.

"Spirale mit Dreiecksfläche"-Motiv

Auch das "Spirale mit Dreiecksfläche"-Motiv wird hier in seinem materialnachahmenden Charakter besprochen am Beispiel des schon erwähnten Krugs F. 499 (TAFEL V,2). Auch bei Brückenskyphos HM 5798 (TAFEL VI,3) ist aufgrund der Kombination mit der metallisch wirkenden Oberfläche, der gepunkteten Horizontallinie und dem in den Ton eingeritzten zweireihigen Motiv der isolierten Spirale (Detail TAFEL II,3) die Nachahmung von Treibarbeit in Metall zu vermuten.

Die Spirale mit Dreiecksfläche wird aber auch in gefäßbezogener Funktion als von oben und unten den Bildraum einrahmend eingesetzt, so bei Brückenskyphos HM 10596 (TAFEL VII,3). Bei dem stark ergänzten Brückenskyphos HM 5822 und dem Brückenskyphos HM 10093 sowie bei Tasse HM 7696[273] (TAFEL XVIII,3) erkennt man die verkürzte Fassung dieses Motivs[274].

Schließlich finden wir das Motiv auch innerhalb des "Fisch"-Motivs auf dem in der Einführung thematisierten Pithos HM 10679 (TAFEL X,4). Während unserer Arbeit an der mittelminoischen Feinkeramik und ihrer Motive in der Summe ließ sich bis jetzt kein Beleg finden für rein dekorativ eingesetzte Wiederholungen von Motiven. So trauen wir uns, dieses Vorkommen des "Spirale mit Dreiecksfläche"-Motivs innerhalb des Körpers des Fisches bei den spielerisch-verweisenden Mehrdeutigkeiten zu verorten, welche wir auch bei der Kombination von "Roter Scheibe"-Motiv und "Frosch"-Motiv vorgefunden haben.

Ein vermutliches weiteres Beispiel für die Nachahmung von Metall ist die innen und außen bemalte, mit einem horizontalen Wulst in der Mitte verzierte Tasse HM 2697[275] aus Knossos, wie ein

---

[268] Krug F. 499: HM-Inventarnummer nach Levi (1976) 770 unlesbar oder gelöscht.
[269] Miniaturkrug aus Phaistos HM-Inventarnummer unbekannt (Pernier (1935) Textabbildung 111; Zervos (1956) Abbildung 336 Mitte).
[270] Sowie auf Brückenskyphoi HM 10511 und Levi (1976) Tafel 109e und Farbtafel XXXIIIb (F. 305), den Tassen HM 10528, HM 10607 (nicht rot), HM 10631 (nicht rot), Amphore HM 17972, Vase HM 10510.
[271] Krug F. 499 (TAFEL V,2; siehe Anmerkung 268), Miniatur-Krug aus Knossos (TAFEL XV,5; siehe Anmerkung 269) und, in plastischer Modulierung, Stamnos HM 10375 (TAFEL X,2).
[272] Miniatur-Pithos HM 10567 (TAFEL XV,4): F. 522 - Levi (1976) 66f., Tafel 118g.

[273] Siehe Seite 26.
[274] Weitere Beispiele des "Spirale mit Dreiecksfläche"-Motivs: Amphore HM 10610; Mischgefäß HM 10561 (TAFEL III,5) auf dem Standring. Des weiteren nicht im Original gesehen: Kanne Pernier (1935) Textabbildung 172.
[275] Tasse HM 2681: Zervos (1956) Abbildung 369 links; Evans I (1964) 242f., Textabbildung 183a4; MacGillivray (1998) 167, Katalog Nr. 979; Schiering (1998) 71, 154, Tafel 39,2.

II. Gefäße und Motive

Vergleich zu Metallbechern[276] bestätigt. Allerdings ist die Bemalung als Motiv schwer zu fassen, sodass wir es bei dem möglichen Hinweis auf Materialnachahmung eines Metallvorbilds belassen. Ebenso verhält es sich mit Ständer HM 18671[277] und seiner teilweise gemalten, teilweise plastisch gestalteten horizontalen Verzierung, der Tasse F. 2842[278] mit ihrer gezackten Ritzung

"Schachbrett"-Motiv

Das "Schachbrett"-Motiv ist bei Krater HM 10578 (TAFEL III,1) und bei Schnabelkanne HM 10597 (TAFEL IV,4) in jeweils einer Zone angebracht, in beiden Fällen in Kombination mit dem "Koralle"-Motiv und dem "Kordel"-Motiv, für die bereits ein materialnachahmender Charakter festgestellt werden konnte.

Ähnlichkeit hat das "Schachbrett"-Motiv entfernt mit Motiven auf minoischen Hausmodellen[279]. Dort werden offensichtlich auf diese Weise Steinquader dargestellt. Aufgrund der Ähnlichkeit dieser in eindeutigem Bildkontext eingesetzten Motive eine Interpretation für das Vorkommen des "Schachbrett"-Motivs auf der "Kamares"-Ware zu geben, wäre irreführend.

Aufgrund des zonalen Einsatzes des Motivs mit dem "Koralle"-Motiv und dem "Kordel"-Motiv auf den ein Set bildenden Prachtgefäßen aus dem Vano LV in Phaistos HM 10578 und HM 10579 wird hier das "Schachbrett"-Motiv zumindest hypothetisch den Motiven materialnachahmenden Charakters beigefügt. Dass dabei vielleicht eher Webarbeiten als Einlegearbeiten Pate standen, könnte vermutet werden aufgrund der Binnengestaltung der versetzten polierten und schraffierten Feldern der Vase HM 10554[280].

"Band mit Punkten"-Motiv

Auch das "Band mit Punkten"-Motiv hat seinen ikonographisch nächsten Vergleich bei den minoischen Hausmodellen[281]: dort sind Kreise in horizontaler Reihung offenbar zur Darstellung der Enden von Holzbalken zwischen den Stockwerken genutzt worden. Die Verwendung auf der "Kamares"-Ware zeigt, dass Bänder mit Punkten hier eine andere Bedeutung gehabt haben müssen. Der materialnachahmende Charakter wird durch die gelegentliche plastische Ausformung erkennbar, wobei auch hier das zitierte Material unklar bleibt.

Beispiele für das "Band mit Punkten"-Motiv sind Krug HM 5823 (TAFEL V,3) Brückenskyphos HM 9496 (TAFEL VIII,1), Tablett HM 18593 (TAFEL XI,5) und Tasse HM 10078 (TAFEL XII,3)[282]. Besonderheit einiger Gefäße ist, dass der Töpfer oder die Töpferin durch einen plastischen Tonring am Gefäßkörper schon ein Motiv wie die Kordel oder das Band mit Punkten vorgegeben hat. Die als Kordel gestaltete plastische Erhöhung bei der hohen Kanne HM 10568 (TAFEL IV,5) wurde schon genannt; ein Band mit Punkten auf plastischem Grund findet sich auf Rhyton F. 1905 (TAFEL XVI,2) durch den Ring am Hals oder bei Kännchen HM 10555 (TAFEL XV,6) durch die Noppen.

II.2.h. Anzeigender Charakter

Motive ohne benennbaren Charakter bleiben für uns die Motive, bei denen ein bestimmter Charakter anhand der erhaltenen Objekte nicht greifbar wird, welche aber gleichwohl durch wiederholte Darstellung und die Art ihrer Verwendung als Motiv angesprochen werden müssen. Neben dem schon in der Hinführung erwähnten "Zweifarbige Scheibe"-Motiv, das aufgrund seiner Verwendung auf mittelminoischen Gefäßen eine vermutlich darstellende, sicher aber eine anzeigende Bedeutung hatte, gibt es noch eine Anzahl von weiteren durch Wiederholung greifbaren Motiven, bei denen aber der jeweilige Charakter auch nur vermutet werden kann. Dies hat seinen Grund darin, dass sie sich weder durch Naturähnlichkeit, eindeutige Bildkontexte oder wiederholt gleiches Auftreten auszeichnen.

"Zweifarbige Scheibe"-Motiv

Das "Zweifarbige Scheibe"-Motiv, das ja schon in der Hinführung als Beispiel gewählt wurde, um die mittelminoische Motivik als bedeutungstragend verständlich zu machen, kommt am deutlichsten im Zusammenhang mit Palmendarstellungen vor. So wird hier noch einmal auf Kanne HM 5937 (TAFEL IV,3)

---

[276] Siehe etwa der Kelch bei MacGillivray (1998) Katalog Nr. 925 und der Becher Levi (1976) Farbtafel XII (F. 2279).
[277] Ständer HM 18671: F. 1922 - Levi (1976) 164, 166, Tafel 21a.
[278] Tasse F. 2842: HM-Inventarnummer unbekannt - Levi (1976) 452, Tafel 124a; Schiering (1976) Tafel 40,6.
[279] Zervos (1956) Abbildung 301.
[280] Vase HM 10554: F. 263 - Levi (1976) 57, Tafel 31b; Schiering (1998) Tafel 34,2. Das "Schachbrett"-Motiv in Variation findet sich auch auf Tasse HM 10090 (F. 446 - Levi (1976) 365, 368, Tafel 131d).
[281] Siehe Anmerkung 279.

[282] Sowie Tassen HM 10607 und HM-Inventarnummer unbekannt (Pernier (1935) Textabbildung 115; Zervos (1956) Abbildung 336 rechts) am oberen Rand durch Aussparung; eventuell Tassen HM 10087 und 10161; Stamnos HM-Inventarnummer unbekannt (Zervos (1956) Abbildung 371); Brückenskyphos HM 10523.

II. Gefäße und Motive

und das ebenfalls schon erwähnte Photo mit Fragmenten aus der Stratigraphischen Sammlung Phaistos (TAFEL I,3) verwiesen.

Aber auch bei anderen Darstellungskontexten könnte es sich um das "Zweifarbige Scheibe"-Motiv handeln. Als Beispiel sei hier das Mischgefäß HM 10561 (TAFEL III,5) mit zweifarbiger Scheibe in den Lappen einer laufenden Spirale und oberhalb eines lanzenförmigen Motivs genannt[283].

"Halbbogen mit Strichen"-Motiv

In Verbindung mit dem "Koralle"-Motiv findet sich das "Halbbogen mit Strichen"-Motiv auf Brückenskyphos HM 10549 (TAFEL VII,2) und auf den Tassen HM 10116 (TAFEL XII,5) und HM 5797 (TAFEL XII,2). Warum wir dennoch und trotz der Ähnlichkeit mit dem möglichen Naturvorbild dieses Motiv nicht einfach als Seeigel benennen, liegt in unserer Vorsicht begründet: In den Zonen, in denen das Motiv vorkommt, ist räumliche Kohärenz noch weniger vorauszusetzen als im ja häufig als Bildraum aufgefassten Hauptbildfeld. Denn in allen Fällen befinden sich die Darstellungen der "Halbbögen mit Strichen" in der oberen abschließenden Zone des Gefäßes und nicht auf einer als Bildraum angelegten Fläche.

Bis auf ein Gefäß sind alle Träger dieses Motivs Tassen[284]. Bei den Tassen HM 10569 (TAFEL XIII,5) und HM 8406 (TAFEL XIII,4) handelt es sich bei den Strichen oberhalb der Wellenbänder vermutlich um die verkürzte Fassung des hier besprochenen Motivs[285]. Auch wenn für das "Halbbögen mit Strichen"-Motiv wie bei der zweifarbigen Scheibe ein darstellender Charakter zu vermuten ist, kann dies anhand der Verwendung nicht einwandfrei nachgewiesen werden.

"Hängende Spirale"-Motiv

Das "Hängende Spirale"-Motiv findet sich auf dem Brückenskyphos HM 10269[286] (TAFEL VII,6) am Ausguss hängend. Bei Brückenskyphos HM 5833 (TAFEL VI,5) und bei Miniatur-Amphore HM 5828[287] (TAFEL XV,2) baumelt die Spirale als isoliertes Seitenmotiv an den Henkeln[288].

Zweimal, bei Brückenskyphos HM 5834[289] (TAFEL VI,6) und Brückenskyphos HM 10564, hängen zwei an der Vertikalachse der Gefäße gespiegelte Spiralen am oberen Abschluss des Gefäßes. Der syntaktische Charakter nach der in dieser Arbeit vertretenen Auffassung ist aber nicht gegeben, da die Syntax durch die Spiegelung und nicht die Motive selbst hervorgerufen wird.

"Zwei Kreise"-Motiv

Als isoliertes Seitenmotiv findet sich das "Zwei Kreise"-Motiv, also zwei verschieden große konzentrische Kreise[290], auf dem Brückenskyphos HM 5834 (TAFEL VI,6) und der Kanne HM 10586 (TAFEL IV,5)[291]. Neben einigen weiteren Darstellungen als isoliertes Motiv[292] kommt es vielleicht auch in Kombination mit anderen Motiven vor. Mit dem "Rundschild"-Motiv könnte es bei Brückenskyphos HM 11196 (TAFEL VII,4) kombiniert sein. Bei der gerade schon erwähnten Kanne HM 10586 ist es vielleicht nicht nur als Seitenmotiv, sondern auch als Binnenzeichnung in der roten Scheibe zu finden. Mit Sicherheit sowohl als Seitenmotiv als auch als Changiermotiv im Hauptbild eingebracht und durch Verwendung von rotem Auftrag dahingehend nochmals betont findet es sich auf Amphore HM 5836[293]. Vielleicht ist in spielerischer

---

[283] Weitere Beispiele könnten sein: Krug HM 11194; Brückenskyphos HM 10154 (F. 90 - Levi (1976) 50, Farbtafel XXXIVb).
[284] Weitere Beispiele für das "Halbbögen mit Strichen"-Motiv: Tasse Pernier (1935) Textabbildung 145 und Tasse Pernier (1935) Textabbildung 150 mit Koralle und Bögen; Tasse Pernier (1935) Textabbildung 97 nur Halbbogen; Tasse Levi (1976) Tafel 128m (F. 441).
[285] Verkürzte Fassung des "Halbbogen mit Strichen"-Motivs tragen auch die Tassen HM 13615 und HM 18431.
[286] Brückenskyphos HM 10269 (TAFEL VII,6): F. 463 - Levi (1976) 48, Tafel 107d; Schiering (1998) Tafel 16,1.
[287] Siehe Anmerkung 62.
[288] Das "Hängende Spirale"-Motiv auch bei Krug Levi (1976) Tafel 80e (F. 5037).
[289] Brückenskyphos HM 5834 (TAFEL VI,6): Pernier (1935) Farbtafel XVIb; Zervos (1956) Abbildung 362; Schiering (1998) Tafel 14,2.
[290] Das "Zwei Kreise"-Motiv ist nicht zu verwechseln mit dem "Zweifarbige Scheibe"-Motiv, das Vorkommen auf den Gefäßen ist zu unterschiedlich.
[291] Sowie Amphore HM 5836, Tasse HM 5785 (Pernier (1935) Textabbildung 127 und Farbtafel XXIVb; Betancourt (1985) Tafel 9E).
[292] Auf der Außenseite Schale HM 8916 (Aufnahme der Innenseite: TAFEL XI,1); Brückenskyphos HM 10269 auf der Seite gegenüber der Schnauze (Seite mit Schnauze: TAFEL VII,6).
[293] Amphore HM 5836 – Pernier (1935) Farbtafel XVIc; Walberg (1976) Abbildung 5; Schiering (1998) 184, Tafel 64,4.

II. Gefäße und Motive

Mehrdeutigkeit dieses Motiv auch im Blütenrad der Schnabelkanne HM 5722 (TAFEL IV,2) eingebracht.

"Bögen"-Motiv

Zwei Grundtypen von Bögen gibt es: gefüllt und niedrig wie bei Brückenskyphos HM 10549 (TAFEL VII,2)[294] oder nicht gefüllt und höher wie bei Tasse HM 10116[295] (TAFEL XII,5). Sie können nach unten oder nach oben hin gewölbt sein. Zweimal sind wir Bögen schon begegnet: das gefüllte "Bögen"-Motiv in seiner Umdeutung am oberen Gefäßrand als Blüte[296] und nicht gefüllten Bögen in eventuell vergegenständlichter Darstellung von Muscheln[297]. Ein eindrucksvolles Beispiel für Bögen auf mittelminoischer Feinkeramik ist die Tasse HM 10607[298], auf der, zusammen mit dem "Band mit Punkten"-Motiv und dem "Kordel"-Motiv, beide Typen von Bögen vorkommen.

"Gepunkteter Kreis"-Motiv

Das "Gepunkteter Kreis"-Motiv unterscheidet sich von der Rosette durch Fehlen eines mittleren Punktes oder Kreises. Mit Oktopus findet sich das "Gepunkteter Kreis"-Motiv bei dem Brückenskyphos HM 10104 (TAFEL VI,1) und bei Tasse HM 18188 (TAFEL XIV,5), variiert bei einem Brückenskyphos aus der Kamares-Höhle[299] und bei Siebgefäß HM 10585 (TAFEL I,3 und III,3). Mit Wellenband und Fischen finden wir es bei Tasse HM 10659 (TAFEL XIII,5), nur in Wellenband bei Tasse HM 6631. Dass sein Vorkommen nicht auf Meereskontext beschränkt ist, zeigt sich durch sein Auftauchen bei Tasse HM 10082 (TAFEL XII,4) mit Keim und "Rote Scheibe"-Motiv. Und schließlich mit laufender Spirale und Lappen bei Schale mit Ständer HM 10580 (TAFEL III,2) und Tablett HM 18593 (TAFEL XI,5). Wüssten wir, was jeweils bezeichnet werden soll, wäre es nach Art und Orten seines Vorkommens vermutlich ein vergegenständlichtes Motiv, so bleibt nur, anhand seiner Wiederholung seinen anzeigenden Charakter festzuhalten.

"Lappen"-Motiv

Nicht jede Lappenform soll hier nun besprochen werden. Selbst für den Leser, der das Panorama mittelminoischer Keramik bis hierher verfolgt hat, wäre dies ein Grund, die Lektüre zu beenden. Denn Lappen finden wir ja streng phänomenologisch bei allen "Keim"-, "Blattbündel"- und "Kreis mit Lappen"-Motiven, und da wir ja unter Motiv nicht die letzte nicht mehr teilbare geometrische Grundform verstehen, sondern die versuchte Annäherung an die antike Denkeinheit, gehören all diese Lappen auch nicht hierher. Ebenso wenig sollen die schon besprochenen, vermutlich gegenständlich gemeinten lappenförmigen Motive auf dem Pithos HM 10679 (TAFEL X,4) mit Fisch und dem Miniatur-Krug HM 5828[300] (TAFEL XV,2) mit Frosch hier Thema sein.

Vielmehr werden hier, wie auch schon beim "Gepunkteter Kreis"-Motiv, die Darstellungen des Lappens als uns in seiner Bedeutung unklar bleibendes anzeigendes Motiv in seinen verschiedenen Kontexten gezeigt. Die Unklarheit könnte hier, ebenso wie bei den gepunkteten Kreisen darin liegen, dass es sich jeweils um ein Motiv vergegenständlichten Charakters handelt. Da aber bei den Darstellungen von Oktopus und Argonaut unklar ist, was durch die Lappen bezeichnet werden soll, muss von einer Feststellung über den anzeigenden Charakter des Motivs hinaus Abstand genommen werden.

Eine große Zahl an Lappen kommt in den Zwickeln des "Laufende Spirale"-Motivs vor, wie etwa auf der Innenseite der Schale mit Ständer HM 10580 (TAFEL III,2)[301]. Die vergegenständlichte Form des Lappens als Wasser haben wir bei dem häufig erwähnten Pithos HM 10679 (TAFEL X,4) gesehen. Im Kontext mit vegetabilen Motiven lässt sich für die Lappen eine Deutung als neuer Trieb nahe legen, so etwa bei Rhyton F. 1905 (TAFEL XVI,2) mit Ranke, Halbblüte und kleinen Lappen in der Zwickelfüllung[302]. Des weiteren finden wir Lappen bei Oktopoden, wie auf

---

[294] So bei Tasse HM 10082 (TAFEL XII,4); Tasse HM 10632 (TAFEL XIII,2) eine Hälfte; Tassen HM 10085, HM 10608 (F. 1369 - Levi (1976) 93f., Tafel 127m), HM 10087, HM 10086 (F. 398 - Zervos (1956) Abbildung 327 links; Levi (1976) 365, 368, Tafel 131p); Amphore HM 10160; Schale mit Ständer HM 5245; Brückenskyphos HM 10093; Brückenskyphos Levi (1976) Tafel 177d (F. 5756).
[295] So bei Tasse HM 4400 aus Knossos (Evans I (1964) Textabbildung 136q; MacGillivray (1998) Katalog Nr. 68) und Tasse HM 14368 (F. 1451 - Levi (1976) 120); bei Tassen HM 10570 und bei Pernier (1935) Textabbildung 115 (Zervos (1956) Abbildung 336 rechts) versetzt.
[296] So bei Brückenskyphos HM 10153 (TAFEL VIII,6).
[297] So bei Tasse HM 10116 (TAFEL XII,5).
[298] Tasse HM 10607: F. 1426 - Levi (1976) 93, Tafel 127a.
[299] Brückenskyphos aus der Kamares-Höhle HM-Inventarnummer unbekannt: Dawkins - Laistner (1913) Farbtafel X oben; Schiering (1998) Tafel 13,1.

[300] Siehe Anmerkung 62.
[301] Und bei Brückenskyphos HM 5834 (TAFEL VI,6); Amphore HM 10572 (TAFEL IX,3); Siebgefäß HM 10585 (TAFEL III,3); Amphore HM 10160; Pithoi HM 10678 und HM 7697 (stark ergänzt); Tasse HM 14377; Mischgefäß HM 10561 (TAFEL III,5).
[302] So auch bei Brückenskyphos HM 10596 (TAFEL VII,3); Tablett HM 18593 (TAFEL XI,5); Tassen HM 5784 und HM 5785.

Brückenskyphos HM 10104 (TAFEL VI,1)[303], und bei Argonauten, so auf Amphore HM 10551 (TAFEL IX,1). Bei Brückenskyphos HM 8881[304] ist in das geschwungene Dreieck ein Lappen eingebracht. Schließlich finden sich noch zwei große Lappen seitlich des überkreuzt geschnürten Bandes auf Brückenskyphos HM 10093.

Welche weiteren Motive mit anzeigendem Charakter sind denkbar? Gebogene parallele Linien, welche einige Male bei laufenden Spiralen vorkommen, ließen sich als "Schallwellen"-Motiv[305] bezeichnen. Einiges spricht auch für ein "Kreis mit zwei Punkten"-Motiv[306]. Auf einigen Gefäßen finden wir ein schwer verständliches, dem Efeu ähnliches Motiv, für die Neupalastzeit von der Forschung "sacred ivy" genannt[307]. Schließlich enden die Spiralen einige Male in etwas, das man als Frucht[308] sehen könnte. Bei unserer Vorsicht aber, unseren Blick nicht mit dem des antiken Betrachters zu verwechseln, ist hier Zurückhaltung geboten.

II.3. Abschluss des Katalogs und erste Thesen

Bisher haben wir 50 Motive benannt und ihr Vorkommen anhand ihrer offensichtlich gewordenen Charaktere beschrieben. Insgesamt sieben Charaktere ließen sich methodisch erschließen, in einer achten Gruppe unter dem Titel "anzeigender Charakter" haben wir die Motive subsumiert, welche als solche angesprochen werden müssen, deren Ausdrucksform aber nicht klar wurde. Weitere Motive zu erkennen mag durch Vergleich mit gleichzeitigen anderen Fundgruppen, aufgrund neuer Funde oder mithilfe eines neuen Blicks möglich sein. Gleichzeitig bilden die nun benannten Motive für uns aufgrund der Häufigkeit ihres Vorkommens auf mittelminoischer Feinkeramik einen soliden Grundstock, um weitergehende Fragen zu stellen.

Was haben wir nicht vorgefunden? Mit dem Diskos von Phaistos[309] teilt die "Kamares"-Ware zwar einige Motive wie Fisch, Blüte und Rundschild, aber deutlich ist ein anderer Schwerpunkt in der Ausdrucksform zu bemerken. Die Bildzeichen des Diskos von Phaistos funktionieren als aufzählende Darstellung von Mensch, Werkzeug und Nutzpflanze und äußern sich so als verabredete, informationsorientiert eingesetzte Glyphen. Damit wirkt die Ikonographie des Diskos in einem anderen Spektrum von Mitteilung als die mittelminoische Feinkeramik, auch wenn durch die Motive mit verweisendem Charakter auf der mittelminoischen Keramik eine Überschneidung der Ausdrucksform mit dem Diskos vorhanden ist.

Eine synoptische Darstellungsform, wie man sie bei den Handwerkerzeichen in Phaistos gefunden hat[310], wurde bei der "Kamares"-Ware gelegentlich vorgefunden. Sie scheint aber in den verschiedenen Medien unterschiedlich eingesetzt zu sein: Während die geritzten Handwerkzeichen als Verdichtung im Sinne eines Markenzeichens, eines Logos funktionieren, handelt es sich bei Überschneidungen von Motiven in der Keramik entweder um eine erkennbar inhaltlich wertende Aussage wie etwa das "Rote Scheibe"-Motiv als Froschkörper, oder aber, soweit wir dies erkennen können, um eine spielerisch-poetische Mehrdeutigkeit, wie etwa die Augen des Krugs HM 10575 (TAFEL V,6) mit dem Strandnarzissen-Motiv.

Auch nicht vorzufinden war eine Zahlensymbolik, welche der Autor beim Zählen der Motivwiederholungen durch überraschende Häufungen hätten erkennen können. Stattdessen sind die meisten der Vervielfältigungen und Rhythmisierungen von Motiven den Achsenvorgaben der Gefäße geschuldet. Um diese Aussage an einem Motiv nachvollziehbar zu machen: Die Palmen haben auf Pithos-Amphore AM AE. 1654 (TAFEL X,3) 6 Fächer, auf Brückenskyphos HM 10187 (TAFEL VII,1) 5 Fächer, auf Rhyton HM 7699 (TAFEL XVI,1) 4 Fächer und auf Tasse HM 6627 (TAFEL XII,1) 3 Fächer auf jeder Seite. Mit anderen Worten: Die Anzahl der Palmenfächer orientiert sich an der Größe der durch das Gefäß vorgegebenen Fläche des Bildraums, nicht an einer externen Vorgabe.

Wichtig ist auch die Erkenntnis, dass keine Pflanzen und Tiere dargestellt wurden, welche nicht auch auf Kreta zu finden waren. Die Vorbilder für die Darstellungen konnten alle in der freien Natur aus eigener Anschauung gewonnen werden. Dies ist

---

[303] Und bei Brückenskyphos aus der Kamares-Höhle siehe Anmerkung 299.
[304] Brückenskyphos aus Knossos: Evans IV (1964) 137, Textabbildung 107; MacGillivray (1998) Katalog Nr. 378.
[305] So Brückenskyphos HM 5834 (TAFEL VI,6), Krug mit abgesetztem Ausguss HM 5823 (TAFEL V,3), Siebgefäß HM 10585 (TAFEL I,3 und III,3), vielleicht auch Tasse HM 18187.
[306] So bei Brückenskyphos HM 10153 (TAFEL VIII,6), Brückenskyphos HM 10564, Tasse HM 14377 in laufender Spirale; Halsfragment eines Krugs Pernier (1935) Farbtafel XVII in "Kreis mit Lappen"-Motiv.
[307] So bei Schnabelkanne HM 10105, Brückenskyphos HM 11240, Tasse HM 4725 aus Palaikastro (Walberg (1983) Tafel 3,2; Schiering (1998) Tafel 45,2), Kelch HM 2696 aus Knossos (Zervos (1956) Abbildung 369 rechts; MacGillivray (1998) Katalog Nr. 651)und eventuell - eher an Weintrauben erinnernd - Tasse aus Phaistos HM-Inventarnummer unbekannt (Pernier (1935) Farbtafel XXVI; Zervos (1956) Abbildung 351; Schiering (1998) Tafel 39,1). Des weiteren Tasse Pernier (1935) Tafel XXIb - bei Schiering (1998) Tafel 40,4; zweihenklige Tasse Walberg (1983) Tafel 3,2.
[308] So bei Brückenskyphos HM 10556 (ähnliches Dekorationssystem wie HM 10596 (TAFEL VII,3), dort statt der "Frucht" ein "Halbblüte"-Motiv), Schale mit Ständer HM 10580 (TAFEL III,2) am Fuß.

[309] Siehe Anmerkung 221.
[310] Pernier (9135) 412ff.

insofern bemerkenswert, weil sich spätere Keramikgruppen, insbesondere die neupalastzeitliche Ware aus Knossos, aber auch zur "Kamares"-Ware zeitgleich datierte Siegel deutlich von Einflüssen vor allem aus Ägypten geprägt zeigen[311].

Da reizt es umso mehr, die Auswahl der erkennbar vegetabilen Motive zu verstehen. Herbstblüher? Frühjahrsblüher? Pflanzen zur Parfümherstellung? Drogen oder Rauschmittel? Immergrüne? Keiner der Vorschläge führt zu einem befriedigenden Ergebnis. Auch ein Bezug zu den aus den Gefäßen genossenen Lebensmittel und Getränken wird nicht augenfällig, und konnte darüber hinaus in anderem bronzezeitlichen Kontext durch Analysen schon einmal widerlegt werden[312]. Auch sind Hyazinthe und Terebinthe (Mastix) nicht erkennbar dargestellt, obwohl ihre vorgriechischen Namen unter Umständen auf eine besondere Bedeutung für die minoische Kultur schließen lassen könnten. Und da allzu häufig die Pflanzen überhaupt ohne botanische Kriterien dargestellt sind, und nicht nur wir unfähig sind, einzelne Darstellungen mit bestimmten Pflanzen in Verbindung zu bringen, sondern auch dem antiken Betrachter keine ikonographischen Informationen zur Bestimmung an die Hand gegeben worden sein können, scheint es für den Moment, die Bedeutung der Pflanzendarstellung lag in diesen Fällen entweder im Dekorativen oder hatte eine Bedeutung jenseits einer botanischen Bestimmbarkeit.

Kommen wir zu einem letzten Punkt der Liste dessen, was nicht vorgefunden wurde: Bis auf wenige Beispiele käme man überhaupt nicht auf die Idee, einen erzählenden Charakter bei den Darstellungen zu vermuten. Fast keine Menschengestalten finden sich auf den Gefäßen, sie aber braucht es, um menschliche Handlungen darzustellen, welche wiederum zumeist ja das emotionale Zentrum mythischer Erzählungen bilden. Darüber hinaus, auch das "Märchen von der jungen Kranzanemone, welche auf ihrer Reise ins Land der Oktopoden viel erlebt" scheint nicht in Szene gesetzt, und die Motive lassen sich zumindest für uns auch nicht als Stichwortgeber lesen: Die ornamentale Struktur verhindert innerhalb des Bildraums zumeist eine situative oder handlungsorientierte Darstellung der Motive, seien sie zoomorph oder vegetabil. Sind aber die Voraussetzungen "Protagonist" oder "Situation" nicht gegeben, werden auch "Erzählung" und "Mythos" nicht aus dem Bild heraus lesbar. Gleichwohl: Man ist erstaunt, welche Mythen Ureinwohner den Ethnologen des 20. Jahrhunderts aus einigen auf Keramik aufgebrachten Zeichen, Farbflächen und Mustern vorgelesen haben, und dies vermutlich nicht (nur) der spürbaren Erwartungshaltung der Weitgereisten zuliebe. Werden auf der "Kamares"-Ware doch Geschichten erzählt? Es steckt nicht in den Bildern selbst, lässt sich aber nicht mit Sicherheit ausschließen. Bei Pithos HM 10679 (TAFEL X,4) könnte man auf einen erzählenden Charakter kommen durch das Fehlen der Zähne bei einem der Fische. Auch von der Szene mit Wildziege und Blüten können wir letztlich nicht wissen, ob ein Erzählzusammenhang existierte. Die einzige Szene auf der erhaltenen mittelminoischen Keramik, die "Sah ein Knabe eine Lilie stehen"-Darstellung auf Miniatur-Amphore HM 10610 (TAFEL XV,1) war uns schon in ihrer schwächeren malerischen Ausführung und dem fehlenden Bildraum-Gefäßkörper-Bezug als Ausnahme unter den über 300 Gefäßen aufgefallen.

Aber was haben wir nun vorgefunden? Auch wenn wir Analphabeten der minoischen Motivsprache geblieben sind, ließ sich aufzeigen dass die mittelminoische Motivik für den antiken Betrachter mit Bedeutungen auf verschiedenen Ebenen verknüpft war. Die darstellenden Motive deuten zurück auf ihr Naturvorbild, das verweisende Zeichen auf seinen verabredeten Gehalt, die Materialnachahmung als Zitat auf andere Werkstoffe und so weiter. Durch Analyse der Motivcharaktere, der "Grammatik" sozusagen, erhielten wir über das Panorama der Motive hinaus ein differenziertes Bild der Ausdrucksmöglichkeiten, welche dem minoischen Töpfer und Maler beziehungsweise der Töpferin und Malerin zur Verfügung standen, seine beziehungsweise ihre ästhetischen und thematischen Vorstellungen gestalterisch umzusetzen. Dieses Wissen um die Komplexität und Ausdifferenziertheit der Motivik führt dazu, dass die Bestimmung der mittelminoischen Gefäße als herausgehobene Ware einer Elite uns nicht nur anhand ihrer Gefäßformen, sondern nun auch durch ihre Bemalung erkennbar wird.

So werden wir in den nächsten drei Kapiteln versuchen, auf der Basis der herausgearbeiteten Motive und ihren Charakteren weitergehende Fragen zu klären. Drei Themenfelder liegen dem Autor dabei am Herzen: Die spielerische Bezüglichkeit von Gefäß und Motiv, die über ihre abbildende Funktion hinausgehende Bedeutung der darstellenden Motive und schließlich die ästhetische Begründung für die ornamentale Ausdrucksform der mittelminoischen Feinkeramik.

---

[311] Siehe hierzu Crowley (1989) und Buchholz (1999).
[312] Vergleiche Tzedakis - Alexandrou (1999) insbesondere 182 ff.

Denn, um es endlich auf einmal herauszusagen, der Mensch spielt nur, wo er in voller Bedeutung des Worts Mensch ist, und er ist nur da ganz Mensch, wo er spielt.

Friedrich Schiller

III. Spiel: Selbst- und Fremdreferenzialität von Motiv und Gefäß

Einer stattlichen Zahl von Spielen sind wir in unserem Panorama begegnet: Immer wieder waren Motive changierend angelegt, bei einigen davon wurde eine inhaltlich motivierte Überlagerung erkennbar, so zum Beispiel bei der Amphore HM 10551 (TAFEL IX), wo das verweisende "S-Form"-Motiv an der Gefäßseite von dem Motiv des Argonauten fünffach wieder aufgenommen wird, oder wie bei der roten Scheibe als Körper des Froschs auf Miniatur-Amphore HM 5828 (TAFEL XV,2). Diesem Thema werden wir uns dann in Kapitel IV widmen. Ins Auge fassen wollen wir hier zuerst das Phänomen einer Bezüglichkeit zwischen Motiv und Gefäß.

Die Motive, welche als zeichnerisches Element vermittelnd zwischen Gefäßkörper und Bildraum auftreten wie etwa die Horizontallinie und das geschwungene Dreieck, hatten wir als Motive gefäßbezogenen Charakters besprochen. Auch bei der Darstellung von Gefäßen auf Gefäßen wie die Kannen auf Brückenskyphos HM 1666 (TAFEL VI,2) und dem Fragment der Tasse aus KSM # 323 aus Knossos (Tafel XVII,2) handelt es sich in gewisser Weise um Bezüge zwischen Motiv und Gefäß. Und auch die Anbringung von plastischen, Kranzanemonen ähnlichen Blüten bei Schnabelkanne HM 10579 (TAFEL IV,4) und Krater HM 10578 (TAFEL III,1) sind im weiteren Sinne ein Motiv-Gefäß-Bezug, da hier das Motiv nicht auf den Bildraum beschränkt bleibt, sondern in die Darstellungswirklichkeit des Gefäßes gebracht wird.

Weitergehende, spielerische Bezüglichkeit von Motiv und Gefäß konnten wir bei Siebgefäß HM 10585 (TAFEL I,3 und III,3) ausmachen, da die Augen des Oktopus gleichzeitig die Henkel des Gefäßes sind, sowie bei dem Krug mit abgesetztem Ausguss HM 5823 (TAFEL V,3), bei welchem jeweils der mittlere Punkt des Rosetten-Motivs synchronisiert wurde mit den Sieblöchern des Gefäßes.

III.1. Materialnachahmung

Materialnachahmende Motive sind, wie wir schon im Panorama der Motive festgestellt haben, eine Sonderform der darstellenden Motive. Denn indem sie einen nicht verwendeten Werkstoff zitieren, treffen sie über den Bildraum hinaus eine Aussage über den Bildträger. Wie wir aber auch etwa an Tasse HM 10080 (TAFEL XIV,1) gesehen haben: Weder Stein noch Metall noch Kordel sind illusionistisch und damit möglicher Weise einen höheren Wert vorgaukelnd eingesetzt im Sinne einer Täuschung des Betrachters, selbst wenn man dies aufgrund der gelegentlich plastischen Ausführung oder wegen der Bemalung der Gefäße innen und außen zunächst vermuten könnte, wie ja schon vorgeführt am Beispiel der Tasse HM 2697. Das Spiel entsteht also nicht im vollzogenen Übergriff des Motivs auf das Gefäß, sondern vielmehr als motivische Bereicherung der Aussagekraft des Gefäßes. Inwieweit diese Materialzitate eine übergeordnete inhaltliche Bedeutung haben, lässt sich für uns nicht mehr feststellen.

III.2. Fremdmaterialnutzung

Die Nutzung tatsächlich fremder Werkstoffe, also nicht nur das Zitat eines anderen Materials oder die Verwendung von Matrizen unter Zuhilfenahme eines Naturobjekts finden wir fast nie, in einem besonderen Fall aber in unmissverständlicher Ausdrücklichkeit: Der Ständer HM 18199 (TAFEL III,6) ist plastisch verziert mit zwei modellierten Delphinen, aus Ton geformten Wellenbändern, dreidimensionalem mit roten Flächen und weißer Umränderung gestalteten "Koralle"-Motiv und: echten Muscheln (Detail TAFEL II,2). Für unsere Argumentation ist dieses nur im unteren Teil erhaltene Gerät – obenauf ist vermutlich eine Schale zu denken – in zweierlei Hinsicht von großer Wichtigkeit. Zum einen ist es in seiner Durchgestaltung gegenständlich erkennbarer Motive ein herausragendes Beispiel für den seltenen, aber vorhandenen Fall der "Vergegenständlichung", welchen wir aber eben nicht als Ergebnis eines Wahrnehmungsprozesses verstehen, sondern als zwangsläufiges Phänomen bei der Darstellung von Motiven ohne klare Kontur und Stofflichkeit wie eben dem "Wasser"-Motiv: Wären nur die tönernen Wellen erhalten gebieben, sie hätten sich uns nicht als Motiv erschlossen. Noch wichtiger aber ist dieses Stück für uns, da es uns eine altpalastzeitliche Bildauffassung verrät: Tauchend oder im Sprung begriffen sind beide Delphine auf den gegenüber liegenden Seiten in der Vertikalen dargestellt. Direkt neben und hinter ihnen die Korallen und Muscheln, erst unterhalb dann die Angabe des Wassers, seien sie als Wellen an der Wasseroberfläche oder als Bewegungen im Wasser selbst aufgefasst. Deutlich wird, dass mit diesem Aufbau – auch durch die Wiederholung des Hauptmotivs – alles Situative, Individualisierende und perspektivisch Abbildende vermieden wurde. Mithilfe der vier Motive Muschel, Koralle, Wasser und Delphin wurde vielmehr eine dem Ständer angepasste mustergültige Idealkomposition entworfen. Und gleichzeitig wollte der Hersteller, wie wir anhand der

Verwendung echter Muscheln vermuten können, eine größtmögliche Naturähnlichkeit schaffen.

III.3. Der Gefäßkörper als Motiv

Gelegentlich wird auch das Gefäß selbst zum Thema, zum Beispiel in dem Spiel der zwischen den Gefäßhälften wechselnden Dekorationssysteme. So ist bei Tasse HM 10632 (TAFEL XIII,2) die eine Seite mit gefüllten Bögen, die andere mit einem die gesamte Tassenhälfte ausfüllenden "Koralle"-Motiv versehen – ein weiteres schönes Beispiel dafür, dass materialzitierende Motive nicht zur Täuschung eingesetzt werden. Bei Brückenskyphos HM 10152 (TAFEL VIII,5) ist der Wechsel des Dekorationssystems sogar bis zur oberen Öffnung vollzogen: Für die eine Hälfte des Gefäßes ist das Motiv leicht angeschrägter Horizontalbänder mit "S-Form"-Motiv bis an den oberen Rand gezogen, auf der anderen Seite des Gefäßes wird der Rand als Blüte gestaltet[313]. Diese Teilung der Gefäße in zwei Hälften ist eine deutlich gefäßbezogene Aussage. Bei den beiden Askoi HM 18434 (TAFEL V,1) und HM 10162 wird dies auf andere Weise eindrucksvoll vorgeführt: Die beiden Deckel, getöpfert und bemalt, sind keine Deckel, sondern nur scheinbare Öffnungen. Das Gefäß zu füllen ist jeweils nur über den abgesetzten Ausguss möglich. So wird der Gefäßkörper selbst zum Motiv.

III.4. Das Gefäß als Motiv

Deutlich tritt der zoomorphe Charakter mancher Gefäße natürlich bei den tiergestaltigen und tierkopfförmigen Rhyta wie Rhyton F. 2592[314] (TAFEL XVI,4) zum Vorschein. Aber auch andere Gefäße, darunter alle Schnabelkannen, haben nahe dem Ausguss beidseitig eine plastische Erhöhung, die meist ohne Überinterpretation als Augen zu deuten sein dürfte. Als Beispiele hierfür finden sich im Tafelteil die Schnabelkannen HM 10073 (TAFEL IV,1) und HM 5722 (TAFEL IV,2)[315]. Durch dieses Detail wird das ganze Gefäß zoomorph, zu einem Vogel oder, wie die geweihähnliche Formung der Henkel in Seitenansicht bei mehreren Schnabelkannen, darunter die gerade genannte Schnabelkanne HM 10073 vermuten lassen könnten, zur Wildziege. In einem Fall findet sich dieses Augen-Motiv auch gemalt: bei Krug HM 10575 (TAFEL V,6) sind in allen vier Ecken der durch die lanzenförmige Form des Gefäßes entstehenden Bildräume "Strandnarzissen" eingebracht. In der Ecke beim Ausguss aber changiert das Motiv zum Auge und macht damit das Gefäß zum Wesen. Eine Ausnahme stellt Schnabelkanne HM 10579 (TAFEL IV,4) dar, hier sind die Erhebungen nahe des mit einem "Zweig"-Motiv verzierten Ausgusses so auskragend, dass man an Hörner denkt. Das Gefäß gehört, wie gemeinsamer Fundort und Dekorationssystem verraten, zu einem Set mit Krater HM 10578 (TAFEL III), der wiederum trägt noch kleine Ringe am oberen Rand. Vielleicht waren diese Ringe ebenso wie die "Hörner" an der Schnabelkanne als Halterung heute verlorener weiterer Teile des Sets wie etwa Tassen gedacht.

III.5. Das Auszugießende als Motiv

Der als Blüte gestaltete Gefäßrand wurde schon bei einigen Gefäßen besprochen[316], als Beispiel sei hier nochmals Brückenskyphos HM 10153 (TAFEL VIII,6) erwähnt. Bisher nannten wir es eine Bezüglichkeit zwischen Gefäß und Motiv. Was aber eigentlich in das Motiv dieser Blütenblätter einbezogen wird, ist nicht das Gefäß, auch nicht der Gefäßinnenraum, sondern: die Füllung.

Ein noch eindeutigeres Beispiel hierfür sind die zwei Brückenskyphoi HM 10187 (TAFEL VII,1) und F. 2410[317] (TAFEL VIII,4). In beiden Fällen geht das Motiv in den Ausguss über, in beiden Fällen verbindet sich somit der rot akzentuierte Beutel des Oktopus beziehungsweise das "Rote Ader"-Motiv der Palme mit dem Ausguss. Dies im Sinne der Verwendung der Gefäße verstanden heißt, dass hier nicht der Ausguss in das Motiv mit einbezogen wurde, sondern das Auszugießende. Im Vorgang des Ausgießens aus dem Gefäß wird das Ausgegossene in Bezug gesetzt zu den Motiven Palme und Oktopus. Uns mag ja das Brunnenwasser aus dem Maul eines steinernen Löwen ähnlich gut munden wie aus dem Wasserhahn, mit Sicherheit aber hatte diese Ausformung für den antiken Nutzer eine Bedeutung. Welche Bedeutung es hatte, wollen wir im folgenden Kapitel klären.

---

[313] Zwei verschieden gestaltete Hälften auch bei Kännchen HM 10641 (F. 842 - Levi (1976) 212, Textabbildung 331b) und Tasse Levi (1976) Tafel 125c (F. 86).
[314] Weitere tierförmige Gefäße: HM 10167, HM 10168, HM 10169.
[315] Weitere Beispiele sind Schnabelkannen HM 10198, HM 10105, HM 10593, Kanne aus Knossos HM-Inventarnummer unbekannt (Evans I (1964) Textabbildung 196); Tasse Pernier (1935) Textabbildung 226,3; kugelige Kanne Levi (1976) Tafel 103b und Farbtafel XXXd (F. 1039) - bei Schiering (1998) Tafel 7,1.

[316] Siehe Seite 16 und Anmerkung 111.
[317] Siehe Anmerkung 18.

Das ist die wahre Symbolik, wo das Besondere das Allgemeine repräsentiert, nicht als Traum und Schatten, sondern als lebendig-augenblickliche Offenbarung des Unerforschlichen.
                                 Johann Wolfgang von Goethe

IV. Symbol: der bedeutende Gehalt von Motiv und Gefäß

Dem Begriff "Motiv" ist eine Bewegung von etwas her schon eingeschrieben, wir nutzten diesen Begriff, um wiederum das, worauf das Motiv zurückdeutet, erkennen zu können. Ein Motiv mit darstellendem Charakter etwa deutet auf sein Naturvorbild zurück. Dabei öffneten wir diese Möglichkeit des Deutens auf einen Beweggrund hin über ein rein auf Gegenständliches Deuten hinaus mithilfe der uns offensichtlich gewordenen möglichen Charaktereigenschaften der Motive. Freilich kommen wir nun bei der Analyse des Themenspektrums mittelminoischer Motivik bei den nicht erkennbar darstellenden Motiven schwer zum Erfolg: Über die wichtige Erkenntnis hinaus, dass das "S-Form"-Motiv einen verweisenden Charakter hat, können wir, da wir die Verabredung zum Bedeutungsgehalt dieses Motivs nicht kennen, keine thematische Einordnung vornehmen. Wir werden uns also im Folgenden vor allem mit den erkennbar darstellenden Motiven beschäftigen, welche uns durch die Art ihrer Darstellung über eine der Thematiken mittelminoischer Motivik berichten können.

IV.1. Zierrat und Zeichen

Wie wir gesehen haben, und nun noch vertiefen wollen, sind zahlreiche mittelminoische Motive offensichtlich für den antiken Betrachter bedeutungstragend gewesen. So, wie wir auch auf einem Ölgemälde des 17. Jahrhunderts Farbtupfer gefunden hätten, welche sich nicht in ihrer gegenständlichen Bedeutung erschließen lassen würden, gab es zwar auch auf mittelminoischen Gefäßen rein malerische Elemente. Wir vermieden es aber, an die Motive eine Skala von Zierrat zu Zeichen anzulegen, vielmehr erlangten wir durch Analyse der jeweiligen Charaktere der Motive ein differenziertes Bild der Ausdrucksmöglichkeiten mittelminoischer Motivik. Lassen sich die Motive also überhaupt mit den als Gegensatzpaar aufgefassten Begriffen von Zierrat und Zeichen, von Dekor und Symbol verorten? Nein, es ist ein Kennzeichen mittelminoischer Keramik, dass ihre Motive häufig eben beide Funktionen übernehmen. Die Begriffe Dekor und Symbol, wie in der Sprachverwendung üblich, als Gegensatz oder gar als Widerspruch genommen – Dekor ist die Form, Symbol ist der Inhalt, Dekor ist dem Gefäß verbunden, Symbol dem Motiv – lässt für die mittelminoische Keramik weder den ornamentalen noch den bedeutenden Gehalt der Motive verstehen.

Der Frage nach der Bedeutung von Ornamenten widmeten sich mit Blick auf die einige hundert Jahre jüngere geometrische Keramik Nikolaus Himmelmann[318] und Heinrich Knell[319]. Beide beschäftigten sich dabei mit der Frage nach einer gegenständlichen (Himmelmann) oder symbolischen (Knell) Bedeutung der geometrischen Ornamente, und fassten dafür exemplarisch Motive ins Auge, deren Art der Darstellung sich nicht aus den Dekorationsprinzipien begründen lässt. Dieser methodische Ansatz hätte bei der im Vergleich zu Gefäßen geometrischer Zeit gänzlich anders strukturierten "Kamares"-Ware nur begrenzten Erfolg, nämlich bei den isoliert auftretenden Zeichen verabredeten Charakters und bei einzelnen Motiven darstellenden Charakters, während die meisten anderen Motive in ihrem nicht nur ornamentalen, sondern auch bedeutenden Gehalt unentdeckt bleiben würden.

IV.2. Der Korallen-Rebus

Aufgrund des Vergleichs mit dem kleinen Steingefäß HM 921 haben wir das "Koralle"-Motiv, welches wir zum Beispiel auf der Tasse HM 10080 (TAFEL XIV,1) außen wie innen finden, zuerst in die Reihe der materialnachahmenden Motive aufgenommen. Gleichzeitig bemerkten wir, dass eine Materialnachahmung im Sinne einer Täuschung unwahrscheinlich ist, eine feine Tasse mit Knickwandung macht es dem aufgemalten Motiv schwer, zu täuschen. Darüber hinaus gab es eine Unsicherheit, ob das Motiv tatsächlich Breccia-Gestein zitiert, oder ob es – eben als Koralle – den darstellenden Motiven zugeordnet werden muss. Auch hierfür fanden sich Indizien, so der Delphin-Ständer HM 18199 (TAFEL III,6), der – mit echten Muscheln besetzt – ebenfalls rote Felder mit zackiger weißer Umrandung aufweist, oder auch die Tasse HM 5797 (TAFEL XII,2), welche das "Koralle"-Motiv abwechselnd mit dem "Halbbogen mit Strichen"-Motiv um die Mündung herum trägt, während der Rest des Körpers mit plastisch ausgestaltetem "Muschel"-Motiv verziert ist. Diese Frage – Breccia-Gestein oder Koralle – lässt sich auf Grundlage des erhaltenen Materials nicht beantworten. Unsere Verwirrung wurde aber noch größer, als wir auch auf dem Rhyton F.2592 – neben Kennzeichnung des Gefäßes durch plastische Ohren und gemalten Augen als Tierkopf – das "Koralle"-Motiv und das "Kreis mit Lappen"-Motiv

---

[318] Himmelmann (1968) 3ff.
[319] Knell (1968) 57ff.

vergesellschaftet fanden. Dieser Kontext scheint unsere Lage noch einmal zu erschweren, an einem wesentlichen Punkt erhalten wir aber einen wertvollen Hinweis: Auch das "Koralle"-Motiv hat offensichtlich einen verweisenden Charakter, anders ist sein explizites, kontextuell nicht begründbares Auftreten hier nicht erklärbar. Dem "Koralle"-Motiv in seinen Ausformumgen zu folgen mag also ein für uns unlösbares Bilderrätsel sein, durch den sichtbar gewordenen verweisenden Charakter erhalten wir aber eine Sicherheit, dass wir es mit einem doppelten Verweis zu tun haben: Dem Verweis auf ein Naturvorbild, aber auch dem Verweis auf eine Bedeutung über das Naturvorbild hinaus auf einen verabredeten Gehalt.

IV.3. Der doppelte Verweis

Motive mit verweisendem Charakter haben wir schon im Überblick über die Motivik anhand ihres isolierten Auftretens und ihrem Vorkommen auf anderen Medien, darunter rituellen Geräten identifizieren können. "S-Form"-Motiv, "Rundschild"-Motiv und "Kreis mit Lappen"-Motiv müssen einen, so zeigt es die Art ihres Auftretens, überstofflichen, inhaltlichen Bedeutungsgehalt gehabt haben. Die Bedeutung selbst muss ungeklärt bleiben, festzustellen ist der verabredete Charakter.

Aber, wie wir am Beispiel des "Koralle"-Motivs gerade gesehen haben, kann auch ein Motiv darstellenden oder materialnachahmenden Charakters über seinen Verweis auf ein Naturvorbild hinaus deuten. Wir haben also ein Motiv, welches einen abbildenden Charakter in sich trägt, trotzdem aber auch als Zeichen genutzt werden kann. Diesen doppelten Verweis nennt man heute Symbol, ein Begriff, der weit von seiner ursprünglichen griechischen Wurzel entfernt ist. Im antiken Sinne treffender wäre vermutlich der Begriff Sema, das Bildzeichen.

Ein dritter Weg, den bedeutenden Gehalt der Motive sichtbar zu machen, wird der für uns wichtigste sein. Denn während wir bei verabredeten Zeichen und zeichenhaft verwendeten Motiven darstellenden Charakters ja über den Inhalt der Verabredung nichts erfahren, können wir bei Beispielen von darstellenden Motiven, welche durch "Rote Ader"-Motiv oder "Rote Scheibe"-Motiv eine Akzentuierung erhalten, möglicher Weise auch das Thema erschließen. Dass Überlagerungen von Motiven nicht nur poetisch-spielerisch, sondern auch bedeutungsvoll sein können, hatten wir ja etwa an der Wiederholung des "S-Form"-Motivs innerhalb des Argonauten auf Amphore HM 10551 (TAFEL IX,1) schon verstanden. Durch Beachtung der Akzentuierungen innerhalb der darstellenden Motive insbesondere durch Verwendung der Farbe Rot erfahren wir eine Präzisierung der Motivation ihres Vorkommens.

IV.4. Rot als Akzentfarbe

Einen Einstieg in die thematisch akzentuierende Verwendung der roten Farbe ergibt sich bei den gegenständlich erkennbaren vegetabilen Motiven wie der Palme. Dort ist, wie gezeigt wurde, der Akzent meist durch die rote Ader im Stamm der Palme gegeben. Einen Akzent durch die Farbe Rot haben aber einige Palmen-Darstellungen nicht nur durch die Ader, sondern auch durch die Kennzeichnung des Fruchtstandes, so wie Schüssel HM 18438 (TAFEL XI,4) und Krug mit abgesetztem Ausguss HM 17987 (TAFEL V,5), oder auch nur bei den Fruchtständen, wie Pithos-Amphore AM AE. 1654[320] (TAFEL X,3) und Rhyton HM 7699 (TAFEL XVI,1). Bei allen Palmen auf den neun gut erhaltenen Gefäßen, sowie eine großen Zahl von Fragmenten, flankiert von zahlreichen anderen Pflanzendarstellungen, welche ebenfalls das "Rote Ader"-Motiv tragen, ist also immer eine Akzentuierung des Stamms oder der Früchte gegeben. Dabei wird die Art der Darstellung bei jeder Palmendarstellung geringfügig variiert, ist also nicht einfach eine dekorative Gewohnheit. Wir müssen dieser Akzentuierung also eine inhaltliche Bedeutung beimessen.

In wie weit ist die Farbe Rot selbst bedeutend? Beispiele für einen vermutlich symbolischen Einsatz der Farbe Rot gibt es aufgrund der Funde im Palast von Phaistos, in dem Räume, die als Crafträume identifiziert werden können, oder Treppenstufen, die auf solche Räume hinführen, in Rot gestaltet sind[321]. Für ein symbolisches Rot in dem Sinne aber, dass die Farbe selbst schon bedeutenden Gehalt hat, gibt es keinen Beweis. Das "Rote Ader"-Motiv in Pflanzen etwa muss zur Vermittlung seiner akzentuierenden Bedeutung nicht zwingend rot gestaltet sein, wie wir an mehreren tongrundigen Gefäßen schon sehen konnten[322]: Dem ästhetischen Empfinden des Malers, auf einem tongrundigen Gefäß mit Schwarz das Motiv zu erzeugen und darauf nicht mit Rot, sondern mit Weiß die Akzentuierung aufzutragen ist der Vorrang gegeben zu einer immer gleichen, mit der Farbe Rot erzeugten Akzentuierung.

IV.5. Themenfeld Wachstum

Die inhaltliche Bedeutung der Akzentuierung mit Hilfe der Farbe Rot lässt sich für die Gruppe der Palmendarstellungen – und vielleicht auch für andere

---

[320] Siehe Anmerkung 165.
[321] Siehe Zatti (2009) 43ff.
[322] Siehe Seite 26.

IV. Symbol: der bedeutende Gehalt von Motiv und Gefäß

Pflanzen- und Tierdarstellungen – also erschließen: Der Akzent ist mit dem Bedeutungsfeld "Wachstum" (Wachsen, Gedeihen, Energie, Kraft, Werden, Wirken, Entfalten, Potenz, Saft, Strom, Mark) verknüpft. Der Brückenskyphos HM 10187 (TAFEL VII,1) mit der Darstellung einer Palme, die in den Ausguss übergeht und somit das Auszugießende zum Motiv macht, zeigt sich so in seinem bedeutenden Gehalt. Denn: Wie wir schon bemerkt haben, handelt es sich nicht nur um ein Spiel zwischen Motiv und Gefäß, sondern durch Positionierung der Palme im Übergang zum Ausguss zwischen Motiv und Auszugießendem. Somit können wir hier ergänzen: Der Akzent des Motivs wird bezogen auf den Inhalt des Gefäßes. Die Wachstumsthematik der Palme wird demnach verbunden mit dem Getränk im Vorgang des Ausgießens.

So bleibt die Frage nach der Verortung des beispielhaft erschlossenen Themas Wachstum im minoischen Kontext. Gemeinhin wird man eine Wachstumsthematik als einen Aspekt eines Vegetationskults sehen. Für die "Kamares"-Ware wäre dieser Schluss voreilig. Es gilt vor allem, unser neuzeitlich geprägtes Verständnis von Religiosität und Profanität mit ihren jeweils abgesteckten Funktionsfeldern nicht einfach auf die antike Wirklichkeit rückzuprojizieren. Es lässt sich nur festhalten, dass Wachstum zumindest eines der Themen auf der mittelminoischen Keramik ist, und dass die "Kamares"-Ware verabredete Zeichen auch mit rituellen Geräten teilt. Die Verbindung des Begriffs "Wachstum" mit dem Begriff "Symbol" hin zur Wachstumssymbolik ist nahe liegend, lässt sich aber aus unserem Material heraus nicht beweisen. Keines der Gefäße, nicht einmal die Rhyta, müssen zwingend in einem kultisch-religiösen Kontext verortet werden.

Es ist also festzustellen, dass die Motivik der mittelminoischen Feinkeramik in einigen Fällen einen verabredeten Gehalt hat und zumindest unter anderem auch den Themenbereich Wachstum abdeckt. Dies weist die "Kamares"-Ware eben nicht nur in einen elitär-repräsentativen Kontext, wie wir an der töpferischen Gestaltung der Gefäße selbst ja gleich erkennen konnten, sondern lässt sie uns auch in einem gleichermaßen spielerisch-poetischen, kommunikativ-kennerschaftlichen und sinnstiftend-rituellen Komplex von Bedeutung verorten.

Auch wenn wir mit diesem unserem Ergebnis zwischen allen Stühlen sitzen, denn die Einen sind durch Analogiebildung mit den angrenzenden Kulturen schon längst von einem Vegetationskult auf Kreta überzeugt, den Anderen geht jedwede kunsttheoretische Fragestellung an die Bronzezeit schon zu weit: Für uns ist dieses Ergebnis bedeutsam, denn es ist aus dem Material selbst heraus erschlossen.

Warum hat die Natur alle Gestalten der Tiere mit Symmetrie bekleidet? (...) Vögel und Fische symmetrisch geschuppt und befriedet: die Tiere symmetrisch gefärbt und gebildet: endlich passte sie diese Weisen wieder zusammen, und die Menschengestalt ward! Welche Formel von Wahrheit und Güte in jedem Gliede, in jedem Zuge! Ein Ausdruck unnennbarer Tiefe! Eine Formel vom Weltall im leichtaufzulösendsten, umfassbarsten, simpelsten Bilde.

Johann Gottfried Herder

V. Symmetrie: der ornamentale Gehalt von Motiv und Gefäß

Über die vielfältigen Systeme der Bemalung mittelminoischer Feinkeramik wurde, wie in der Forschungsgeschichte dargelegt, schon viel geschrieben. Uns bleibt, hierbei einen zentralen Aspekt herauszuarbeiten, welcher erst erkennbar werden konnte, weil wir die Motive wieder in ihrer Funktion als Bedeutungsträger wahrgenommen haben. Sie sind nicht als abstrakter Zierrat der Gefäßstruktur dienend beigeordnet, sondern haben, wie wir im letzten Kapitel sehen konnten, zumindest in einigen Fällen eine Bedeutung, welche gar über ihren rein darstellenden Charakter auf eine symbolische Ebene hinweist. Gleichzeitig steht außer Frage, dass bei vielen der besprochenen Beispiele eine verblüffend organische Verbindung zwischen Gefäßen und Bemalung verwirklicht wurde, welche die frühere Forschung dazu verführt hatte, die als Ornament den Gefäßkörper bestätigende dekorative Ordnung als die eigentliche Motivation der Bemalung misszuverstehen. Wie lässt sich mit unserem neuen Verständnis der Motivik dieses ästhetische Phänomen der Einheit von Gefäß und Motiv fassen?

V.1. Ornament als Vervollständigung

Man spricht schnell und gerne von "Ornament", und da – derzeit – mit diesem Begriff auch nichts Abwertendes assoziiert wird, scheint hierin auch kein Problem zu liegen. Aber was verstand der antike Urheber und Betrachter mittelminoischer Gefäße unter "Ornament"? Der Begriff Ornament kommt aus dem Lateinischen und heißt zuerst einmal "Schmuck". Dabei stellen wir uns gemeinhin etwas einem Gegenstand, etwa einer Schatulle oder einer Gebäudefassade dekorativ Hinzugefügtes vor. Das griechische Wort für Ornament, Schmuck aber ist: Kosmos: Ordnung, Fügung, Schmuck[323]. In diesem Wortfeld fehlt der attributive Charakter, das Hinzufügen zu etwas; vielmehr lässt sich an "Kosmos" die Vorstellung eines Vervollständigens, eines sich erst durch Schmuck Erfüllendes ablesen. Dies ist hier natürlich nur eine philologische Entfernungsmessung der Vorstellungsmöglichkeiten von "Ornament", die Relevanz der getroffenen Unterscheidung ist an den – noch einmal tausend Jahre älteren – Objekten zu treffen. Die Vorstellung von "Ornament" als "Kosmos" ist hier also nicht als Sprungbrett ins Metaphysische gelegt. Vielmehr werde ich im Folgenden an der mittelminoischen Feinkeramik einen Aspekt herausarbeiten, welcher der "Kosmos"-Auffassung sehr viel mehr entspricht als unsere handelsübliche Verwendung des Begriffs Ornament. Grundsätzlich bleibt also festzuhalten: Unter Ornament wird hier Ausschmücken im Sinne von Vervollständigen, nicht im Sinne von Hinzufügen, Abstrahieren im Sinne von Verwesentlichen, nicht im Sinne von Verunwirklichen verstanden.

V.2. Natürliche Symmetrien scheibengedrehter Gefäße

Es wird nun versucht, den offensichtlichen ornamentalen Gehalt der mittelminoischen Feinkeramik maßgeblich über die vorhandenen Symmetrien zu fassen – allerdings nicht nur über die Symmetrien der Gefäße, sondern auch der Motive beziehungsweise ihrer Naturvorbilder. Im Ergebnis lässt sich eine ebenso einfache wie von den minoischen Töpfern und Malern beziehungsweise Töpferinnen und Malerinnen vielseitig angewandte Dreierregel feststellen.

Ein scheibengedrehtes Gefäß besitzt zuerst einmal unendlich viele vertikale Symmetrieachsen, und, je nach Gefäßform, auch eine horizontale Symmetrieachse. Durch Anbringen von Ausguss und Henkel reduzieren sich die unendlich vielen Vertikalachsen auf zwei bis vier betonte Achsen. Motive mit gefäßbezogenem Charakter wie zum Beispiel das "Geschwungenes Dreieck"-Motiv unterstützen genau diese betonten Achsen und strukturieren die Grenze von Gefäßkörper zum Bildraum. Neben diesen Achsensymmetrien gibt es auch Punktspiegelungen, welche ebenfalls – das Gefäß zumeist von oben oder unten betrachtet – durch gespiegelte Vervielfältigung die im Gefäß vorhandenen Achsen beachten und damit betonen. So gehorchen die Außenbodengestaltungen von Tassen fast ausnahmslos den Achsen des Gefäßes. Um auch ein Beispiel zu nennen, bei dem auch in Seitenansicht Punktsymmetrie die Achsen des Gefäßes betont, indem ein Motiv durch Vervielfältigung dessen Symmetrien aufnimmt: Die kugelige Kanne HM 7695 (TAFEL V,4) reagiert mit der Vervierfachung des Keim-Motivs auf die Achsen des Gefäßes, nämlich die vertikale Achse, die durch

---

[323] Der Begriff Ornament ist entlehnt aus dem lateinischen "ornamentum": Schmuck, Zier. Griechisch "kósmos": Ordnung, Fügung, Schmuck ("diakosméo": ordnen, vervollkommnen). Die Bedeutung "All" ist für "kósmos" erst seit dem sechsten Jahrhundert vor Christus, angeblich seit Pythagoras überliefert.

Henkel und Schnauze gegeben ist und welche das Gefäß in zwei Teile schneidet, und die horizontale Achse, die in diesem Fall durch die kugelige Form gegeben ist. Ohne Frage offenbart sich in diesem auf das Gefäß reagierenden Aufbau der Bemalung das, was als ornamentaler Ausdruck empfunden wird.

V.3. Natürliche Symmetrien von Naturvorbildern

Aber auch zahlreiche Motive besitzen Symmetrien: Palme (etwa auf Tasse HM 6627 TAFEL XII,1) wie Oktopus (etwa auf Brückenskyphos F. 2410 TAFEL VIII,4) wie Blütenrad (etwa auf Pithos HM 10573 TAFEL X,6). Genauer: Die Naturvorbilder der Motive selbst besitzen durchweg eine spiegelsymmetrische Anlage. Ein Motiv muss also nicht immer durch Vervielfältigung den Symmetrien des Gefäßes unterworfen werden, vielmehr behalten zahlreiche Motive ihre Eigenständigkeit, denn sie bringen ihre Symmetrien schon mit. Spannend ist, dass viele dieser Symmetrien nur dann sichtbar werden, wenn man das Motiv überhaupt wieder ins Recht gesetzt hat, auch einen Informationsgehalt in sich zu tragen. Der ornamentale Gehalt im Sinne der Anwendung von Ordnung durch Spiegelung dient hier also nicht allein dem Gefäß oder dem Motiv, vielmehr führen hier die synchronisierend eingesetzten Symmetrien Gefäß und Motiv in eine gleichberechtigte Harmonie.

V.4. Strategien der Umsetzung: Rhythmisierung, Synchronisierung, Auflockerung

Zwei der möglichen Umsetzungen haben wir schon benannt: Es finden sich gleichermaßen Beispiele für die regelmäßige Rhythmisierung eines Motivs innerhalb der Achsenvorgaben des Gefäßes wie Beispiele für die Synchronisierung der Achsen von Motiv und Gefäß. Häufig sind diese beiden Strategien miteinander kombiniert und machen gemeinsam den größten Teil aller erkennbaren ästhetischen Strategien der Gefäß-Motiv-Vermittlung aus. Dass dies häufig erst auf den zweiten Blick erkennbar wird, liegt darin begründet, dass die Symmetrien häufig nicht in einer streng geometrischen, sondern vielmehr in einer organischen Form umgesetzt sind. Eine bedeutende Rolle spielen dabei die Motive mit syntaktischem Charakter: So übernimmt etwa die laufende Spirale auf Stamnos HM 10398 (TAFEL III,4) die Aufgabe der Gliederung, gleichzeitig lockert sie, indem sie auf die vertikale Spiegelachse zwischen den Henkeln reagiert, sie aber nicht zur Spiegelachse werden lässt, das Gesamtgefüge auf.

Wie konsequent diese Dreierregel von Rhythmisierung, Synchronisierung und Auflockerung angewandt wird, lässt sich besonders gut bei den Innenbildern von Schalen aufzeigen: Schale HM 8916 ohne Henkel (TAFEL XI) arbeitet mit einer Punktspiegelung in der Mitte des Gefäßinnenraums, an welcher sich ein zweifach erscheinendes Motiv orientiert. Aufgelockert wird der Aufbau dadurch, dass die Motive jeweils über "ihre Hälfte" hinausgehen und sich so verschränken. Die einhenklige Schale HM 10583 (TAFEL XI,2) zeigt einen am Henkel orientierten achsensymmetrischen Aufbau aus zwei Figuren rechts und links und einer zentralen Figur, die Auflockerung hier besteht – neben den Gesichtern im Profil – darin, dass die gespiegelten Außenfiguren beide den linken Arm heben, was ihnen ein tänzerisches Moment verleiht. Die kleine Schale HM 18192 (TAFEL XI,3) mit zwei Henkeln hat ein viergeteiltes Innenbild, die Achsen sind sogar durch einen gestrichelte Linie markiert. Jeweils innerhalb des Viertels liegt ein Zweigmotiv, welches durch seine mittige Position in der Achtelachse eine Spiegelung vollzieht. Bei der Schüssel HM 18438 (TAFEL XI,4) ist der flache Boden insgesamt als Bildfeld aufgefasst, innerhalb dessen – nach den Außenhenkeln ausgerichtet – eine freie Komposition aus drei Pflanzen erscheint, welche sowohl in sich selbst, als auch im Bildaufbau achsensymmetrisch aufgebaut sind, die Innenwände tragen eine Reihung von Motiven, welche durch ihre Neigung die Vertikalachsen umspielen.

Aber welche Lösungen gibt es, wenn weder das Motiv darstellbare Symmetrien hat, noch eine Vervielfachung mit Spiegelung möglich erscheint? Für diesen seltenen Fall scheint zumindest zweimal die Lösung über die Verwendung von Applikationen gefunden worden zu sein, nämlich bei den Darstellungen der Wildziegen auf Brückenskyphos HM 18197 (TAFEL VI,4) und auf Rhyton HM 17988. Die Wildziege von vorne und damit in Symmetrien darzustellen, wäre genauso unbefriedigend gewesen wie eine Missachtung der Symmetrien des Gefäßes. Auch eine Vervielfältigung des Motivs wurde nicht gewählt, sondern eine Applikation. Andersherum gesagt: Das auf ein Stück Ton gestempelte Motiv agiert zuerst einmal in einem anderen medialen Kontext und wird dann durch das Applizieren unter Beachtung der Gefäßachsen in die Wirklichkeit des Gefäßes aufgenommen. So wurde hier ein Weg gefunden, wie Motiv und Gefäß über ihren jeweiligen ornamentalen und bedeutenden Gehalt sich gegenseitig bestärken oder zumindest nicht widersprechen.

Bei einigen Gefäßen entsteht durch Spiegelung der Motive in der Vertikalachse der maskenhafte Eindruck eines Gesichtes. In wie weit dies bezweckt war, oder der erwähnten Synchronisierung der Symmetrien geschuldet ist, muss offen bleiben[324].

---

[324] Vergleich Gombrich (1982) Textabbildung 341 mit Vergleichen aus anderen Kulturen. Der maskenhafte Eindruck funktioniert auch für den modernen Betrachter: Walberg (1976) Motiv 23,12 erkannte in der Darstellung von applizierter Wildziege und Blüten auf Brückenskyphos HM 18197 (TAFEL VI,4) zwar nicht die Wildziege, aber in der Darstellung insgesamt das Gesicht einer Katze.

V.5. Symmetrie als Bindeglied zwischen Gefäß und Motiv

Die Beispiele von Rhyton mit Gefäßrand als Blüte, Oktopus mit Henkel-Augen, und Palmen, deren Saft am Ausguss in das Auszugießende übergeht, ließen uns das Verhältnis von Gefäß und Motiv in neuem Licht erscheinen. Die mittelminoische Ornamentik erweist sich dabei als das ästhetische Bindeglied zwischen Motiv und Gefäß über den gemeinsamen Nenner der Symmetrien. Die jeweiligen Symmetrien und damit den ornamentalen Gehalt von Gefäßen und Motiven zu synchronisieren und so ein harmonisches Gefüge zu verwirklichen ist das Kennzeichen der "Kamares"-Ware. Diesen zeitlich versetzten Prozess der Herstellung von Gefäß und Auftragen der Motive sowie die Verschiedenheit der beiden Grammatiken mittels Symmetrieachsenüberlagerung zu einer Einheit zu führen, entspricht durchaus der späteren antiken Auffassung von Ornament als "Kosmos".

Die Ausgräber antiker Städte haben nur eine Verlassenheit zutage gefördert, niemals eine Vergangenheit. Botho Strauß

VI. Abschluss

Hier ist für den Autor die Grenze des methodisch Möglichen erreicht, die mittelminoische Feinkeramik und ihre Motive durch vergleichendes Sehen auf ihre für den antiken Betrachter bestimmten Aussagen hin zu befragen. Es ist wohlgemerkt die Grenze des Autors und seiner angewandten Methode, nicht die der Forschung und keinesfalls die des antiken Betrachters. Unsere Beweise verlangen Prüfung durch Stringenz, genau das, was poetische Mehrdeutigkeit und verabredete Symbolik nicht liefern. Ein wissenschaftlicher Beweis ist nur erbracht, wenn eine Veränderung der Vorgaben auch eine Veränderung des Ergebnisses brächte. Wissenschaft muss sich an "richtig" und "falsch" halten. Was aber, wenn sich ihr Objekt gerade diesem Sehen entzieht? Wenn man in der Annäherung an die Sichtweise einer anderen Kultur, in diesem Fall einer vergangenen, das "wahr" dieser Kultur, die überkategoriale Verabredung über die Bedeutungen, nicht erkennt, anerkennen kann? Dann kann die darauf basierende wissenschaftliche Aussage über diese Kultur auch nicht letztendlich "richtig" sein. In dieser Arbeit wurde durch die beharrliche Frage nach Möglichkeiten des Erfassens von antiker Wahrnehmung die Annahme eines "wahr" als Ausgangspunkt und Maßstab für alle weiteren Überlegungen gewählt. Die Beschreibung des kunstvollen Spiels der Bezüglichkeiten von Motiv und Gefäß, der Nachweis von verabredeten Bildzeichen und einer Wachstumsthematik, sowie die Rückführung der Ornamentik auf die natürlichen Symmetrien von Gefäß und Motiv sind hierbei auf der erarbeiteten Materialgrundlage die formulierbaren Ergebnisse. Über diese Ergebnisse hinausgehende Feststellungen zur Bedeutung der mittelminoischen Motivik für den antiken Betrachter zu formulieren, hätte zur Folge, sich in einem Netz von Plausibilitäten zu verstricken.

Eröffnet wurde diese Arbeit mit der Besprechung einer Darstellung von Fisch und "Lappen" auf dem Pithos HM 10679 (TAFEL X,4). Die Verführung ist groß, nach der breiten Analyse der mittelminoischen Feinkeramik und ihrer Motive eine weitere Interpretation für diese Darstellung auszusprechen: Die eines Mundbrüters, dessen Laich gerade aus dem Mund entweicht. Inhaltlich würde sich dies hervorragend in unser neues Wissen einer Wachstumsthematik auf mittelminoischer Feinkeramik einbinden lassen, für eine suggestive visuelle Beweisführung fände sich mit Leichtigkeit eine passende Photographie. Aber wir müssen uns auch hier wieder, wie schon zu Anfang, vor Augen führen, dass die Darstellungen auf den anderen Gefäßen sich in keinem einzigen Fall als szenische Einzelsituation, welche ein begabter Taucher erlebt haben könnte, erwiesen haben. Eine solche Interpretation würde also nicht nur der während der gesamten Arbeit eingehaltenen Sorgfalt der Beweisführung, sondern auch dem, was wir im Ergebnis als Themen und Interessen der minoischen Vasenmaler und ihrer Abnehmer entdecken konnten, widersprechen. Anders mögen die Dinge liegen, wenn bildliche Vergleiche oder literarische Quellen verfügbar werden: Dann kann uns die Bedeutung des "Lappens" mit einem Mal offensichtlich werden. Dass wir aber auch jetzt und ohne eine Interpretation dieser einmaligen Motivkombination auf genanntem Pithos im Verständnis der mittelminoischen Feinkeramik weitergekommen sind, möchte ich abschließend an einem anderen Gefäß verdeutlichen.

Die Schnabelkanne HM 10073 (TAFEL IV,1) ist von ihrer töpferischen Qualität und der Komplexität der Gestaltung ihres Bildraums Höhepunkt und Sonderfall in der mittelminoischen Feinkeramik. Und obwohl wir nichts auf diesem Gefäß mehr als vorläufig benennen können, erschließt sie sich uns doch ein Stück weit, da sie eben letztlich auch auf das thematische und gestalterische Repertoire zugreift, das wir uns erarbeitet haben:

Das scheibengedrehte, knapp 30cm hohe Gefäß ist sehr gut erhalten bis auf eine Ecke am Ausguss und eine leicht abgeriebene Oberfläche. Auch hat sich das Steatit-Weiß nicht an den tongrundigen Flächen erhalten. Der schmale Ausguss der Schnabelkanne ermöglicht nur langsames Ausgießen. Das Füllen ließe sich wohl elegant durch Eintauchen bewerkstelligen. Durch die Augen, zwei plastische Erhöhungen am Ausguss, umrahmt von in weiß angedeuteten Brauen, ist das Gefäß als Lebewesen begriffen. Der schwarze Firnisgrund ist von regelmäßiger Rauheit. Der schwarze Grund lässt den hellen Auftrag schweben. Die Motive sind viermal wiederholt und durch Berührungen miteinander verknüpft. Den Ausgangspunkt des Aufbaus erkennt man an der Achse von Henkel zu Schnauze. Das geschwungene Dreieck ist hier, und nur hier auf diesem Gefäß, nicht unter dem Henkel, sondern schwingt sich von der Bodenlinie um ein Achtel weitergedreht auf, um ein Schotenmotiv zu berühren und zu stützen. Aufhänger des Aufbaus ist das hier rot schraffierte "Rote Scheibe"-Motiv, das den Mittelpunkt in einer vertikalen, aufgeblähten Verbindungslinie eines "S-Form"-Motivs bildet. Gleichzeitig ist die rote Scheibe Ausgangs- und Endpunkt eines leicht diagonal laufenden Schotenmotivs, einer Variation des "Verbindungslinie"-Motivs, dessen Ausgestaltung an die Früchte des Johannisbrotbaums erinnern. Der Henkel wird umkreist durch die oberen weit

VI. Abschluss

eingerollten Enden des vertikalen S-Form-Motivs. Genaues Betrachten zeigt, dass zwei verschiedene Rot verwendet wurden: das Rot der roten Scheibe als Auftrag, das Rot des Schotenmotivs aber durch Aussparung[325] (Detail TAFEL II,1). Beim Betrachten scheint alles von den roten Scheiben aus konstruiert zu sein, von den Arbeitsschritten her hat alles mit dem Firnisgrund und dem Aussparen der Schoten begonnen. Auch ein Streifen in Tongrund als oberer Abschluss des Bildraums erinnert daran. Unterhalb des tongrundigen Rings findet sich das "Zwei Blätter"-Motiv, gestaucht den oberen Teil des Gefäßes kapitellhaft stützend. Den unteren Abschluss bildet ein Changiermotiv: sowohl der weiße Auftrag als auch der Firnisgrund lassen sich als halbes "Zweig"-Motiv lesen. Gleichzeitig fügt sich dieses Motiv, wenn man das Gefäß von unten betrachtet, zu einer Blüte.

Keines der Motive auf diesem Gefäß ist für uns im Sinn eines Informationsgehalts sicher benennbar, wir haben ihnen nur Namen gegeben. Und doch konnte durch das Betrachten der Gefäße in der Summe auch für dieses Gefäß ein neuer Blick gewonnen werden: Wir erkennen nun das Gefäß als Wesen, sehen die poetische Mehrdeutigkeit eines Changiermotivs, begreifen die Verwendung von Zeichen mit verabredetem Charakter, erfassen den hier besonders pointierten Einsatz der Akzentfarbe Rot und verstehen das meisterhafte Spiel mit den Erwartungen an die Einhaltung der Symmetrieachsen. So bleibt die Schnabelkanne HM 10073 das Gefäß, welches unsere Grenze bei der wissenschaftlichen Annäherung an die minoischen Kultur markiert, eine Grenze, deren Verlauf wir geringfügig ändern, die wir aber nicht überschreiten können.

---

[325] Spiel mit dem zweifachen Rot des Tongrunds und des Auftrags auch bei Krug mit abgesetztem Ausguss HM 17987 (TAFEL V,5).

Zusammenfassungen in deutscher, englischer, französischer, italienischer, und griechischer Sprache

Zusammenfassung in deutscher Sprache

Materialgrundlage der Arbeit ist die mittelminoische Feinkeramik mit ihrem häufig farbigen Dekor auf dunklem Grund. Im letzten Jahrhundert wurden bisher mehr als 300 gut erhaltene scheibengedrehte Tongefäße mit Bemalung ergraben. Die meisten fanden sich im Palast von Phaistos im südlichen Zentralkreta, wo man auch die einflussreichste Werkstatt vermutet. Ihren Namen "Kamares"-Ware trägt die Gruppe nach ihrem ersten Fundort, der Kamares-Höhle auf der Südseite des Ida-Gebirges in Sichtnähe zu Phaistos. Die Gefäße werden in die so genannte Ältere Palastzeit und damit in das erste Viertel des zweiten Jahrtausends vor unserer Zeitrechnung datiert.

I. Einführung. Weil sie für typologische und stilistische Merkmale psychologisierende Deutungen vorbrachte, übersah die Forschung bisher den in der antiken Wahrnehmung häufig bedeutenden Gehalt der Motive. Die minoische Denkeinheit waren aber nicht geometrische Grundformen, aus denen zufällig darstellende Motive entstanden, und es gab für die antiken Töpfer, Maler und Nutzer der Gefäße keine abstrakten Vorstufen dieser Motive. Nach Benennung der Materialgrundlage (I.1) und einem Abriss der Forschungsgeschichte mit Klärung dieser bisherigen Subreptionen (I.2) formuliert der Autor sein eigenes Vorgehen als reflektierte Suche nach bildlichen Ähnlichkeiten innerhalb der Mediengruppe mit dem Ziel, die antiken Motiveinheiten zu erkennen und ihre Verwendung am Gefäß zu verstehen (I.3).

II. Gefäße und Motive. Nach einer kurzen Vorstellung der Gefäßformen und Untersuchung ihres möglichen Gebrauchs (II.1) folgt ein Katalog der durch verschiedene Kriterien als antike Denkeinheiten feststellbaren Motive (II.2). Dieses Panorama der Motive wird an ihren in der Verwendung am Gefäß ablesbaren Charakteren vorgeführt. Es finden sich Beispiele für gefäßbezogenen (zwischen Gefäßkörper und Bildraum vermittelnden), darstellenden (abbildenden), vergegenständlichten (im Kontext darstellenden), verweisenden (verabredeten), materialnachahmenden (Werkstoffe zitierenden), syntaktischen (den Bildraum strukturierenden), akzentuierenden (einen Aspekt eines anderen Motivs betonenden) und allgemein anzeigenden Charakter. Viele Motive können dabei mehr als nur einem Charakter zugeordnet werden. Die Untersuchung der Motivik anhand der gegenüber Gefäß, Naturvorbild oder überbildlicher Mitteilung übernommenen Funktionen führt zur begründeten Benennung von insgesamt 50 Motiven und zugleich zu einem besseren Verständnis der differenzierten Ausdrucksformen mittelminoischer Ornamentik. Eine erste Auswertung und Benennung dessen, was nicht vorgefunden wurde, schließen dieses Kapitel ab (II.3).

III. Spiel: Selbst- und Fremdreferenzialität von Motiv und Gefäß. Auf Grundlage der erarbeiteten Motivik widmen wir uns einem ersten augenfällig gewordenen Phänomen, nämlich der spielerischen Bezüglichkeit von Motiv und Gefäß, beginnend mit der nicht imitierenden, sondern zitierenden Materialnachahmung (III.1) und der Fremdmaterialnutzung (III.2). Auch der Gefäßkörper selbst wird etwa durch Scheinöffnungen zum Motiv (III.3), das ganze Gefäß wird zum Motiv über die Ausgestaltung als Wesen (III.4). Schließlich bemerken wir, dass die Bezüglichkeit zwischen Motiv und Gefäß auch eine Bezugnahme auf das Auszugießende einschließt (III.5).

IV. Symbol: der bedeutende Gehalt von Motiv und Gefäß. An den erkennbar darstellenden Motiven lässt sich nun die Frage nach den Themenfeldern der "Kamares"-Ware stellen (IV.1). Durch den erst rätselhaften Einsatz bestimmter Motive (IV.2) bemerken wir einen doppelten Verweis: Auf das Naturvorbild selbst und darüber hinaus auf eine verabredete Bedeutung (IV.3). Erzeugt wird dieser doppelte Verweis wiederholt durch Betonung bestimmter Aspekte innerhalb erkennbar darstellender Motive mithilfe der Verwendung der Akzentfarbe Rot (IV.4). Das Themenfeld, welches sich uns hierdurch erschließt, wird mit dem Begriff "Wachstum" umschrieben (IV.5).

V. Symmetrie: der ornamentale Gehalt von Motiv und Gefäß. Der Vorgang des Ornamentierens ist zumindest im antiken Sinn nicht als Hinzufügen, sondern als Vervollständigen zu verstehen (V.1), so versuchen wir uns an einer Betrachtungsweise, welche Gefäß und Motiv nur im handwerklichen Prozess, nicht aber in der Aussage als voneinander getrennt wahrnimmt: Nun weisen sowohl scheibengedrehte Gefäße (V.2) als auch die Naturvorbilder der Motive (V.3) Symmetrien auf, welche zumeist synchronisierend und damit zwischen Bild und Träger vermittelnd eingesetzt werden. Wie eine Analyse der Strategien der Umsetzung zeigt (V.4), kann so die mittelminoische Ornamentik zurückgeführt werden auf ihre ästhetische Funktion als Bindeglied von Motiv und Gefäß (V.5).

VI. Abschluss. Das letzte Kapitel benennt unseren methodisch notwendigen Schlusspunkt dieser Annäherung an die Motivik mittelminoischer Feinkeramik: Spielerische Mehrdeutigkeit und verabredete Symbolik lassen über einzelne besprochene Aspekte hinaus in unserer Fragestellung keine weitere wissenschaftliche Erkenntnis zu.

Im Anhang gibt eine Liste Übersicht über die vom Autor benannten Motive, die Tafeln zeigen eine Auswahl der für die Argumentation wichtigen Gefäße.

Zusammenfassungen in deutscher, englischer, französischer, italienischer, und griechischer Sprache

English abstract

The subject of this study is middle-Minoan fineware, a dark-coated ceramic frequently decorated with colour. Over the last century more than 300 well-preserved examples of these wheel-made painted pottery vessels have been excavated. The majority are from the Palace of Phaistos in south-central Crete, where it has been assumed the most influential workshop was located. This group takes its name "Kamares" from the site where it was first discovered, in the Kamares cave on the south side of Mt. Ida near Phaistos. The vessels belong to the so called Old Palatial Period, and thus date in the first quarter of the second millennium BC.

I. Introduction. Because earlier scholars were misusing typological and stylistic results for psychological explanations, the meaning of the motives from the point of view of the perception of ancient people has been misunderstood. The Minoans did not think in units of basic geometric forms from which randomly occurring motives were created, and there were no earlier abstract models of what later became motives. After introducing the material evidence (I.1) and the history of research (I.2) the author presents his own approach, namely to search for visual similarities within this one group of media with the goal of identifying the motives and understanding their use on the vases (I.3).

II. Vessels and Motives. After a short introduction to the shapes of the vases and an investigation of their likely use (II.1) the author presents a catalogue of the motives that can be established as ancient units of thought by means of various criteria (II.2). This panorama of motives is introduced according to the nature of their use on the vessels. These include examples of vessel-specific (connecting the surface of the vessel and the image space), representative, contextualizing, informational (being based on agreement), imitative, syntactic (structuring the image space), accentualizing (stressing an aspect of another motive) and general indicative characteristics. Many motives can be assigned to more than one characteristic. This study of the motives (analyzing the function of motives on the vessel, analyzing the relationshsip of motives to model in nature and analyzing the evidence of motives with extensive message) leads to the substantiated identification of a total of 50 motives and at the same time to a better understanding of the differentiated forms of expression in Middle Minoan ornament. The chapter is concluded with an evaluation and a designation of aspects that were not encountered (II.3).

III. Playing: self and extraneous referentiality of motive and vessel. On basis of the compiled motives we dedicate ourselves to a first phenomenon, i.e. the playful relationship between motive and vessel, beginning with the material referentiality (not imitating, but quoting; III.1) and the use of alien material (III.2). Also the body of the vessel with its illusory openings has to be understood as a motive (III.3) and the vessel itself becomes a motive by formation as a creature (III.4). Finally we notice that the relationship between vessel and motive also refers to its contents (III.5).

IV. Symbolism: the connotative value of motive and vessel. Taking a close look at the recognizably representative motives we now raise the question of the precise themes of middle Minaon ceramics (IV.1). In the case of (on first sight puzzling) employment of certain motives (IV.2) we notice a double reference: To the model in nature but also to an arranged meaning (IV.3). This double reference often is produced by stressing certain aspects within recognizably representative motives by using red color (IV.4). The range of themes encompassed by this stressing can be described with the term "growth "(IV.5).

V. Symmetry: the ornamentic value of motive and vessel. Making ornaments in the ancient sense is not understood as adding, but as completing (V.1). Although separated in the process of production, we try to understand vessel and motive as a unit. Both wheel-made vessels (V.2) and motives based upon models in nature (V.3) have their symmetries, which appear to be used mostly in a synchronized manner and thereby in the function of mediating between picture and carrier. After an analysis of the visible strategies of middle Minoan potters and painters (V.4) we understand that middle Minoan ornament functions as an aesthetic link between motive and vessel (V.5).

VI. Conclusion. The last chapter mentions our methodically necessary point of conclusion for this approach: Playful ambiguity and symbolism based on ancient agreement do not permit further scientific results.

The appendix offers an overview of motives designated by the author and shows a selection of vessels important for the present argument.

(Translation: Martin Beckmann)

Zusammenfassungen in deutscher, englischer, französischer, italienischer und griechischer Sprache

Résumé en langue française

La base du travail porte sur la céramique fine du mi-Minoen et ses décors souvent colorés sur fond sombre. Au siècle dernier ont été exhumés, jusqu'à présent, plus de 300 vases peints, tournés à la main, en bon état de conservation. La plupart ont été retrouvés sur le site du palais de Phaistos, au sud de la Crète centrale, où l'on suppose que se trouvaient aussi les ateliers les plus influents. L'ensemble porte le nom de "Kamarès", en référence au lieu de la première découverte, la caverne de Kamarès, sur la face sud du Mont Ida, à proximité de Phaistos. Les vases sont datés de l'époque des "Palais Anciens", soit du premier quart du IIe millénaire avant JC.

I. Introduction. Parce qu'elle s'est appuyée sur des données typologiques et stylistiques pour mettre en avant des significations à caractère psychologique, la recherche a, jusqu'à présent, occulté le contenu signifiant des motifs propres à la période antique. Ainsi les formes géométriques initiales n'appartiennent pas au système de pensée minoen qui ont donné accidentellement naissance aux motifs figuratifs, et il n'existe pas d'étape abstraite conduisant à ces motifs chez les potiers et les peintres antiques ainsi que pour les utilisateurs des vases. Après avoir désigné le corpus (I.1) et résumé l'histoire de la recherche en clarifiant les subreptions jusque-là admises (I.2), l'auteur présente sa propre approche, basée sur une recherche réfléchie des similitudes dans les représentations au sein d'un groupe d'images, avec pour objectif de reconnaître la signification des motifs antiques et de comprendre leur relation aux vases (I.3).

II. Vases et motifs. Après une présentation rapide des formes de vases et une analyse de leurs possibles usages (II.1), suit un catalogue des motifs représentés au travers de critères différents de ceux que l'on note dans la pensée antique (II.2). Ce panorama de motifs s'exprime au travers des caractères lisibles que l'on décrypte sur les vases. On trouve des exemples de caractères (entre le corps du vase et les motifs qui la définissent globalement dans l'espace pictural), qui représentent, reproduisent et objectivent la poterie dans son contexte, s'y réfèrent de manière convenue, imitent la matière (en citant le matériau utilisé), créant une syntaxe (en structurant l'espace figuratif), accentuant le trait, en soulignant un aspect qui se rapporte à un autre motif, ainsi que des caractères ayant une signification générale. Beaucoup de caractères peuvent ainsi être attribués à plus d'une particularité. L'examen comparatif des motifs à partir des procédés liés à la poterie et à la nature comme modèle ou au message qui dépasse le motif conduit raisonnablement à mieux comprendre les formes d'expression différenciées propres à l'ornementation du minoen moyen. Une première évaluation et l'inventaire de ce qui n'a pas été découvert auparavant concluent ce chapitre (II.3).

III. Jeu : auto- et exo-référentialité du motif et du vase. Sur la base du travail précédemment mené sur le motif, nous nous consacrons à un premier phénomène qui saute aux yeux de façon évidente, à savoir le rapport ténu entre motif et vase, à commencer par l'imitation du matériau qui n'est ni une copie ni une imitation exacte (III.1), et qui utilise des matériaux étrangers (III.2). Les vases par leurs ouvertures en trompe-l'œil deviennent un motif (III.3), par l'indication des yeux, le vase devient un être vivant (III.4). Enfin nous pouvons noter que le rapport entre motif et vase renferme également une référence au contenu à verser (III.5).

IV. Symbole : le contenu signifiant du motif et du vase. Concernant les motifs figurés et représentés (IV.1), la question porte à présent sur les champs thématiques du "Kamarès": en prenant un motif déterminé, au contenu énigmatique (IV.2) nous pouvons remarquer une double référence, à la représentation naturelle elle-même, et à sa signification convenue (IV.3). Cette double référence va naître de la répétition par le biais de l'accent mis sur un aspect déterminé au sein de motifs figurés, identifiables grâce à l'application de la couleur rouge (IV.4). Le champ thématique qui alors se révèle à nous est modifié en fonction du concept de "développement" / "pusse" (IV.5).

V. Symétrie : la valeur ornementale du motif et du vase. Le procédé d'ornementation, du moins du point de vue antique, ne consiste pas à ajouter mais à compléter (V.1); nous essayons donc de trouver un moyen d'analyser ce que représente tel vase ou tel motif, seulement dans un contexte général d'artisanat et non en avançant un rapport qui les dissocie l'un de l'autre. Les tessons de vases tournés (V.2), ainsi que les motifs aux représentations naturelles (V.3) présentent des symétries, lesquelles mettent en jeu, de manière synchrone un lien entre l'image et son vecteur. Comme nous montre une stratégie de transposition (V.4), l'ornementation du minoen moyen put être ramenée à sa fonction esthétique, constituant un lien entre le motif et le vase (V.5).

VI. Conclusion. Le dernier chapitre propose notre méthode comme étant un point final indispensable de notre approche des motifs de la céramique fine du minoen moyen: une légère ambiguïté et une symbolique convenue nous empêchent d'autre avancée scientifique dans notre questionnement bien au-delà des aspects particuliers que nous avons commentés. Ci-joint une liste des motifs abordés par l'auteur ainsi que les tableaux montrant une sélection des vases importants qui étayent notre argumentation.

(traduction: Lionel, Leo et Jacques Markus)

Zusammenfassungen in deutscher, englischer, französischer, italienischer und griechischer Sprache

Riassunto in italiano

Il presente lavoro ha quale oggetto la ceramica fine decorata su sfondo scuro del periodo medio minoico. Nell'ultimo secolo sono stati scavati più di 300 esemplari di vasi lavorati a tornio con decorazione in buono stato. La maggior parte di questi è stata ritrovata a Festos, nella parte centro-meridionale di Creta, dove si presumono esserci state le botteghe più importanti. Il nome ceramica di "Kamares" deriva dal nome del luogo di ritrovamento, la grotta Kamares, che si trova sul versante meridionale del monte Ida, visibile a occhio nudo da Festos. I vasi si collocano temporalmente nel cosiddetto primo periodo palaziale e quindi nel primo quarto del II millennio a.C.

I. Introduzione. La ricerca, orientata ad individuare significati psicologici nelle caratteristiche tipologiche e stilistiche, non ha saputo finora riconoscere la rilevanza del contenuto delle decorazioni nella percezione antica. L'unità di pensiero minoica non erano le forme base geometriche, da cui nascevano casualmente motivi raffigurativi, e non c'erano, da parte degli antichi vasai, dei pittori e da parte di chi usava questa ceramica, stadi preliminari astratti di questi motivi. Dopo la denominazione della base di lavoro (I.1) e un sunto della storia della ricerca con la spiegazione delle orrezioni note fino ad oggi (I.2) l'autore tenterà di proporre una propria metodologia per la ricerca di somiglianze all'interno dei gruppi mediatici allo scopo di riconoscere le antiche unità decorative e il loro utilizzo sul vaso (I.3).

II. Vasi e motivi. Dopo una breve presentazione delle forme dei vasi e uno studio del loro possibile uso (II.1) segue un catalogo dei temi decorativi riconoscibili, secondo diversi criteri, come antiche unità di pensiero (II.2). L'insieme dei motivi tematici sarà presentato secondo il loro carattere rilevabile dall'uso sul vaso. Segue la presentazione di questo insieme di temi secondo i caratteri riconoscibili dall'uso sul vaso. Ci sono esempi di temi riconducibili alla forma del vaso (di comunicazione tra il corpo del vaso e lo spazio dell'immagine), raffiguranti (rappresentativi), oggettivanti (rappresentativi nel contesto), rinvianti (appartenenti al contesto culturale), imitanti il materiale (indicanti i materiali di lavorazione), sintattici (che strutturano lo spazio dell'immagine), accentuativi (che rinforzano un aspetto di un altro motivo) e di carattere decorativo in generale. Molti dei motivi tematici possono essere ricondotti a più di una tipologia. Lo studio dell'insieme motivi tematici secondo le funzioni riconducibili al vaso, al modello naturale, o alla comunicazione meta-tematica conduce a una classificazione fondata di 50 motivi e contemporaneamente a una migliore comprensione delle diverse forme d'espressione dell'ornamentazione minoica. Il capitolo si chiude con una prima classificazione e denominazione delle decorazioni che non sono state riconosciute (II.3).

III. Il gioco: autoreferenzialità e referenzialità esterna di motivo e vaso. Sulla base dell'insieme dei motivi studiati questo capitolo si dedica ad un fenomeno diventato evidente nel corso del lavoro, e cioè la correlazione tra tema e forma del vaso, iniziando con l'imitazione ludica, non imitante ma citante, del materiale (III.1) e con l'uso di materiale estraneo (III.2). Anche il corpo stesso del vaso diviene motivo tematico ad esempio attraverso aperture finte (III.3), l'intero vaso diventa motivo tematico attraverso la trasformazione in creatura (III.4). Si conclude notando che la relazione esistente tra i motivi e il vaso comprende anche un riferimento al liquido da versare (III.5).

IV. Simbolo: l'importanza di motivo tematico e vaso. Dati i temi che si possono riconoscere come raffigurativi ci si può ora porre la domanda sui campi tematici della ceramica "Kamares" (IV.1). Attraverso l'uso a prima vista incomprensibile di determinati temi (IV.2), ci rendiamo conto di un doppio riferimento: al modello stesso della natura e oltre a ciò ad un significato di concordanza (IV.3). Questo doppio rinvio è generato nuovamente dall'accentuazione di determinati aspetti all'interno di temi raffigurativi riconoscibili con l'aiuto dell'utilizzo del colore accentuativo rosso (IV.4). Il campo tematico che in questo modo ci si apre viene descritto con il termine "crescita" (IV.5).

V. Simmetria: l'importanza ornamentale di motivo e vaso. Il processo di addizione degli ornamenti non si deve vedere, almeno nel senso antico del termine, come "aggiunta" ma come "completamento" (V.1): l'autore si cimenta quindi in un'osservazione per la quale vaso e tema sono separati solo nel processo di creazione artigianale ma non in ciò che comunicano. Non solo i vasi fatti al tornio (V.2) ma anche i modelli naturali dei temi ornamentali (V.3) evidenziano simmetrie che per la maggior parte sono state utilizzate per sincronizzare e quindi per mediare tra figura e supporto materiale. Come evidenzia un'analisi delle strategie di trasposizione (V.4) possiamo ricondurre l'insieme dei temi ornamentali del periodo medio minoico alla loro funzione estetica come elemento di congiunzione tra tema e vaso (V.5).

VI. Conclusione. L'ultimo capitolo chiarifica la conclusione metodologica, secondo l'autore necessaria, di questo avvicinamento ai temi della ceramica fine del periodo medio minoico: l'ambivalenza ludica e la simbologia appartenente al contesto culturale non permettono un riconoscimento scientifico che vada oltre i singoli aspetti presi in esame nel nostro studio.

In appendice si trova una lista dei temi nominati dall'autore. Le tavole mostrano una scelta di vasi importanti per l'argomentazione.

(traduzione: Mara Zatti)

Zusammenfassungen in deutscher, englischer, französischer, italienischer und griechischer Sprache

Περίληψη στα Ελληνικά

Αντικείμενο της παρούσας εργασίας είναι η κεραμεική της Μεσομινωϊκής περιόδου με λεπτά τοιχώματα και πλούσια, συχνά πολύχρωμη περίτεχνη διακόσμηση επάνω σε σκοτεινόχρωμο επίχρισμα. Κατά τη διάρκεια του τελευταίου αιώνα ήρθαν στο φως περισσότερα από 300 σε καλή κατάσταση, πλούσια διακοσμημένα αγγεία, τα οποία είχαν κατασκευαστεί με τον κεραμεικό τροχό. Τα περισσότερα απ' αυτά βρέθηκαν στο παλάτι της Φαιστού στη νότια κεντρική Κρήτη, όπου εικάζεται και το σημαντικότερο εργαστήριο αυτής της κεραμεικής. Η Καμαραϊκή κεραμεική πήρε το όνομά της από τον τόπο εύρεσής της, το σπήλαιο των Καμαρών, στις νότιες πλαγιές του όρους Ίδη, απ' όπου είναι ορατός και ο αρχαιολογικός χώρος της Φαιστού. Τα αγγεία ανήκουν στην αποκαλούμενη Παλαιοανακτορική Περίοδο, χρονολογούνται δηλ. στο πρώτο τέταρτο της 2ης χιλιετίας π.Χ.

I. Εισαγωγή. Η ανάλυση της Καμαραϊκής κεραμεικής βασίστηκε κατά μεγάλο βαθμό, όσο αφορά τα τυπολογικά και στυλιστικά χαρακτηριστικά της, σε υποκειμενικές γνώμες και θέσεις, με αποτέλεσμα να παραβλέψει η μέχρι τώρα έρευνα την έννοια των διακοσμητικών θεμάτων αυτής της κεραμεικής αλλά και για το πως αυτά γίνονταν αντιληπτά από τους αρχαίους. Στη Μινωϊκή διανόηση δεν υπήρχαν απλά γεωμετρικά σχήματα και φόρμες, απ' όπου ξεπήδησαν εντελώς τυχαία τα απεικονίζοντα μοτίβα στις επιφάνειες των αγγείων αλλά και δεν υπήρξαν για τους αγγειοπλάστες, τους ζωγράφους και τους χρήστες των αγγείων αφηρημένοι πρόδρομοι των μοτίβων αυτών. Μετά την παρουσίαση του υλικού της εργασίας (I.1) και μίας γρήγορης επιτομής της ιστορίας των ερευνών σχετικά με την καμαραϊκή κεραμεική, με τις σχετικές αποσαφηνίσεις των μέχρι τώρα λανθασμένων συμπερασμάτων (I.2), διατυπώνει ο συγγραφέας τη δική του μεθοδολογία στην έρευνά του με σκοπό την αναζήτηση οπτικών ομοιοτήτων εντός του συνόλου της Καμαραϊκής κεραμεικής με σκοπό την καλύτερη αναγνώριση και κατανόηση των αρχαίων διακοσμητικών θεμάτων και τη χρήση αυτών πάνω στην επιφάνεια των αγγείων (I.3).

II. Αγγεία και μοτίβα. Μετά από μία σύντομη παρουσίαση των αγγείων, του σχήματος και της υποτιθέμενης χρήσης τους (II.1), ακολουθεί ένας κατάλογος των διακοσμητικών θεμάτων, τα οποία μπορούν με τη βοήθεια ενός αριθμού κριτηρίων, εξακριβωμένων από την παρούσα μελέτη, να καθιερωθούν ως μονάδες της σκέψης των αρχαίων (II.2). Αυτό το πανόραμα των μοτίβων και ο διαφορετικός χαρακτήρας τους επιδεικνύεται και προβάλλεται κυρίως μέσω της χρήσης τους πάνω στα αγγεία. Η φύση των διακοσμητικών θεμάτων δύναται να χωριστεί στις ακόλουθες κατηγορίες: συγκεκριμένος χαρακτήρας (με ρόλο μεσολαβητικό ανάμεσα στην επιφάνεια του αγγείου και στο διάστημα που προσφέρεται για την απεικόνιση), προσπάθεια περιγραφής (απεικόνιση), ενημερωτική ιδιότητα (μοτίβα τα οποία αποκτούν κάποια σημασία μέσα στο πλαίσιο μιας απεικόνισης), ενημερωτική φύση (μοτίβα που η σημασία τους ήταν μάλλον γνωστή, καθώς τα συναντούμε και σε άλλα αντικείμενα-βασισμένη συμφωνία), μιμητική ιδιότητα (διακοσμητικά θέματα, τα οποία μιμούνται διάφορα άλλα υλικά, π.χ. νερό), σύνταξη (υπογραμμίζοντας τον προσφερόμενο για την απεικόνιση χώρο), τονισμός (κάποια μοτίβα τονίζουν μια πτυχή ενός άλλου μοτίβου) και άλλων γενικών ενδεικτικών χαρακτηριστικών. Αρκετά από τα διακοσμητικά θέματα μπορούν να ανήκουν σε περισσότερες από μία κατηγορίες. Η μελέτη των διακοσμητικών θεμάτων (που αναλύουν από τη μια τη λειτουργία των μοτίβων πάνω στο αγγείο και από την άλλη την σχέση των μοτίβων με στοιχεία από το ζωικό και φυτικό κόσμο, αλλά και την ανάλυση των μοτίβων σε σχέση με τα μηνύματα που θα μπορούσαν να εκπέμπουν), οδηγεί στον τεκμηριωμένο προσδιορισμό συνολικά 50 διακοσμητικών θεμάτων και παράλληλα σε μία καλύτερη κατανόηση των διαφοροποιημένων μορφών έκφρασης στη διακόσμηση των αγγείων της Μεσομινωϊκής εποχής. Το κεφάλαιο ολοκληρώνεται με μια αξιολόγηση και έναν προσδιορισμό των πτυχών που δεν αντιμετωπίστηκαν (II.3).

III. Παιχνίδι: Αναφορά στη σχέση ανάμεσα στο διακοσμητικό θέμα και το αγγείο, αλλά και για το πως αυτή γίνεται αντιληπτή. Με βάση τα ήδη αναφερόμενα μοτίβα αφιερωνόμαστε σε ένα πρώτο φαινόμενο, δηλ. την εύθυμη σχέση μεταξύ διακοσμητικού θέματος και αγγείου, αρχίζοντας με μοτίβα των οποίων η φύση δε μιμείται, αλλά αναφέρεται σε άλλα υλικά (III.1) και τη χρήση του ξένου υλικού (III.2). Ακόμη και το σώμα του αγγείου μετατρέπεται π.χ. σε μοτίβ με την προσθήκη στοιχείων που δίνουν τη ψευδαίσθηση πως πρόκειται για αγγεία με ανοίγματα (III.3). Το ίδιο το αγγείο γίνεται ένα διακοσμητικό θέμα, καθώς φαίνεται να μετατρέπεται σε ένα πλάσμα (III.4). Τελικά παρατηρούμε ότι η σχέση μεταξύ του αγγείου και του διακοσμητικού θέματος αναφέρεται εξίσου και στο περιεχόμενο του αγγείου (III.5).

IV. Συμβολισμός: η ιδιαίτερη σημασία του περιεχομένου του μοτίβου και του αγγείου. Από την παρουσίαση των προαναφερόμενων ευδιάκριτων διακοσμητικών θεμάτων προκύπτει το ερώτημα για το θεματικό περιεχόμενο της Καμαραϊκής κεραμεικής δηλ. από που αντλούσαν οι κεραμείς όλα αυτά τα διακοσμητικά στοιχεία (IV.1). Μέσω της αινιγματικής στην αρχή χρήσης μερικών συγκεκριμένων μοτίβων κατέστη δυνατόν (IV.2) να παρατηρήσουμε τα εξής δύο: η θεματολογία των διακοσμητικών θεμάτων βασίζεται σε στοιχεία από το φυτικό και ζωικό κόσμο και επιπλέον σε μία αναμενόμενη για τους χρήστες της Καμαραϊκής κεραμεικής έννοιας-σημασίας (IV.3). Αυτή η διπλή αναφορά προκύπτει συχνά με τον τονισμό ορισμένων πτυχών στα ευδιάκριτα αντιπροσωπευτικά διακοσμητικά θέματα με τη χρησιμοποίηση του έντονου κόκκινου χρώματος. (IV.4). Η πλούσια θεματολογία, η οποία μας παρουσιάζεται εδώ, περιγράφεται με τον όρο «Ανάπτυξη» (IV.5).

V. Συμμετρία: η διακοσμητική αξία του μοτίβου και του αγγείου. Η διαδικασία της διακόσμησης είναι τουλάχιστον κατά την αρχαία διανόηση, μία διαδικασία που δεν πρέπει να θεωρείται ως μία ενέργεια απλής προσθήκης κάποιων διακοσμητικών στοιχείων αλλά ως μία διαδικασία τελειοποίησης (V.1). Επιχειρούμε λοιπόν να κατανοήσουμε ένα αγγείο κι ένα διακοσμητικό θέμα σαν μία ενότητα, παρόλο που αυτά δημιουργήθηκαν σε διαφορετικό χρονικό διάστημα: έτσι παρουσιάζουν τόσο τα τροχήλατα αγγεία (V.2), όσο και τα φυσιοκρατικά στοιχεία που λειτουργούν ως πρότυπα, (V.3) συμμετρίες, οι οποίες εμφανίζονται να χρησιμοποιούνται συνήθως με έναν συχρονισμένο τρόπο, έτσι ώστε να παίζουν το ρόλο του μεσολάβητη μεταξύ της εικόνας και του φορέα δηλ. του αγγείου. Όπως προκύπτει από την ανάλυση των διαφορετικών τρόπων χρήσης των μοτίβων πάνω στην επιφάνεια των αγγείων (V.4), μπορεί κάποιος να αποδώσει στη Μεσομινωϊκή κεραμεική έναν αισθητικό ρόλο ως ένα μέσο σύνδεσης μοτίβου και αγγείου (V.5).

VI. Επίλογος. Το τελευταίο κεφάλαιο αναφέρει το τελικό συμπέρασμα αυτής της μεθοδολογικής και αναγκαίας προσέγγισης των μοτίβων της εξαιρετικής Μεσομινωϊκής κεραμεικής: η διασκεδαστική ασάφεια των διακοσμητικών θεμάτων και ο συμβολισμός τους, βασισμένος στην αρχαία σκέψη, δεν επιτρέπουν περαιτέρω επιστημονικά συμπεράσματα.

Το παράρτημα προσφέρει μία επισκόπηση των διακοσμητικών θεμάτων που υποδεικνύονται από το συγγραφέα, ενώ οι πίνακες παρουσιάζουν μία επιλογή αυτών των μοτίβων σημαντικών για το παρόν επιχείρημα.

(Μετάφραση: Ελένη Καλογερούδη)

Literaturverzeichnis

Andreou (1978)	S. Andreou, Pottery Groups of the old Palace period in Crete (1978)
Banti (1933)	L. Banti, La grande tomba a tholos die Haghia Triada. In: Annuario della Scuola Archeologica die Atene XIII-XIV (1933)
Bosanquet - Dawkins (1923)	R. C. Bosanquet - R. M. Dawkins, The unpublished objects from the Palaikastro Excavations 1902-1906, BSA Supplementary Paper No. 1 (1923)
Baumann (1999)	H. Baumann, Die griechische Pflanzenwelt in Mythos, Kunst und Literatur (1999)
Betancourt (1985)	P. P. Betancourt, The History of Minoan Pottery (1985)
Blakolmer (1999)	F. Blakolmer, The history of middle minoan wall painting: the Kamares Connection. Aegeum 20 (1999) 41ff.
Boros (1980)	G. Boros, Heil- und Teepflanzen (1980)
Bosanquet - Dawkins (1923)	R. C. Bosanquet - R. M. Dawkins, The Unpublished Objects from the Palaikastro Excavations. BSA Suppl.1, 1923
Boyd-Hawes (1908)	H. Boyd-Hawes, Gournia, Vasiliki and other Prehistoric Sites on the Isthmus of Hierapetra (1908)
Brown (1994)	A. Brown, Arthur Evans and the Palace of Minos (1994)
Buchholz (1959)	H.-G. Buchholz, Zur Herkunft der kretischen Doppelaxt: Geschichte und auswärtige Beziehungen eines minoischen Kultsymbols (1959)
Buchholz (1999)	H.-G. Buchholz, Ugarit, Zypern und Ägäis: Kulturbeziehungen im zweiten Jahrtausend v. Chr. (1999)
Carinci (1997)	F. Carinci, Pottery workshops at Phaestos and Hagia Triada. Aegeum 16 (1997) 317ff.
Cassirer (1953)	E. Cassirer, Das mythische Denken. Philosophie der symbolischen Formen Band II (1953)
Cassirer (1969)	E. Cassirer, Wesen und Wirken des Symbolbegriffes (1969)
Crowley (1989)	J. Crowley, The Aegean and the East: an investigation into the transference of artistic motifs between the Aegean, Egypt, and the Near East in the Bronze Age (1989)
Dawkins - Laistner (1913)	R. M. Dawkins - M. L. W. Laistner, The Excavations of the Kamares Cave in Crete. BSA 19 (1912-13) 1ff.
Dioskurides (1902)	Dioskurides, Arzneimittellehre. Übersetzt und mit Erklärungen versehen von J. Berendes (1902)
Effenterre (1980)	H. van Effenterre, Le Palais de Mallia et la cité minoenne (1980)
Evans I-IV (1964)	A. Evans, Palace of Minos I-IV (1921-1935, Nachdruck 1964)
Evely (2000)	R. D. G. Evely, Minoan Crafts: Tools and Techniques (2000)
Faure (1976)	P. Faure, Kreta. Das Leben im Reich des Minos (1976)
Foster (1982)	K. P. Foster, Minoan ceramic relief. SIMA 64 (1982)
Furumark (1939)	A. Furumark, Aegean Decorative Art. Antecedents and Sources of the Mycenaean Ceramic Decoration (1939)
Furumark (1941)	A. Furumark, The Mycenaean Pottery: Analysis and Classification (1941)
Georgiou (1973)	H. S. Georgiou, Aromatics in Antiquity and in Minoan Crete. KrChron 25 (1973) 441ff.

Literaturverzeichnis

Gill (1985)	A. V. Gill, Some observations of representations of marine animals in minoan art, and their identification. BCH Supplément XI (1985) 63ff.
Gombrich (1982)	E. H. Gombrich, Ornament und Kunst. Schmuckbetrieb und Ordnungssinn in der Psychologie des dekorativen Schaffens (1982)
Gotsmich (1923)	A. Gotsmich, Entwicklungsgang der kretischen Ornamentik (1923)
Göttner-Abendroth (1980)	H. Göttner-Abendroth, Die Göttin und ihr Heros. Die matriarchalen Religionen in Mythos, Märchen und Dichtung (1980)
Hall (1905)	E. Hall, The decorative Art of Crete in the Bronze Age. Transactions I:3 (1905) 191ff.
Hampe - Winter (1962)	R. Hampe - A. Winter, Bei Töpfern und Töpferinnen in Kreta, Messenien und Zypern (1962)
Himmelmann-Wildschütz (1968)	N. Himmelmann-Wildschütz, Über einige gegenständliche Bedeutungsmöglichkeiten des frühgriechischen Ornaments. Akademie der Wissenschaften und der Literatur (1968), 3ff.
Hogarth - Welch (1901)	D. G. Hogarth - F. B. Welch, Primitive painted pottery in Crete. JHS XXI (1901) 78ff.
Iatridis (1988)	Y. Iatridis, Blumen von Kreta (1988)
Immerwahr (1990)	S. A. Immerwahr, Aegean painting in the bronze age (1990)
Jacobsthal (1927)	P. Jacobsthal, Ornamente griechischer Vasen (1927)
Kaiser (1972)	B. Kaiser, Untersuchungen zum minoischen Relief (1972)
Kemp - Merrillees (1980)	B. Kemp - R. Merrillees, Minoan Pottery in second millennium Egypt (1980)
Knell (1968)	H. Knell, Zur Bedeutung der geometrischen Bild- und Zeichensprache. In: Beiträge für H. G. Evers. Darmstädter Schriften XXII (1968) 57ff.
Kohl (2003)	K.-H. Kohl, Die Macht der Dinge. Geschichte und Theorie sakraler Objekte (2003)
Kull - Diamantoglou (1998)	U. Kull - S. Diamantoglou, Kreta. Allgemeiner Exkursionsbericht. Arbeiten und Mitteilungen aus dem biologischen Institut der Universität Stuttgart Nr. 28 (1998)
Levi (1957)	D. Levi, Atti della Scuola. Annuario XXXIII-XXXIV (1957) 289ff.
Levi (1976)	D. Levi, Festòs e la Civiltà Minoica (1976)
Loos (1962)	A. Loos, Ornament und Verbrechen (1908). In: Sämtliche Schriften I (1962), 276ff.
MacGillivray (1998)	J. A. MacGillivray, Knossos. Pottery Groups of the Old Palatial Period (1998)
Mackenzie (1906)	D. Mackenzie, The Middle Minoan Pottery of Knossos. JHS 26 (1906) 243ff.
Mariani (1895)	L. Mariani, Antichità cretesi. Note sulla ceramica cretese. 1. Vasi di Kamares. MonAnt 6 (1895) 333ff.
Marinatos - Hirmer (1973)	S. Marinatos - M. Hirmer, Kreta, Thera und das mykenische Hellas (1973)
Marinatos (1993)	N. Marinatos, Minoan Religion: ritual, image and symbol (1993)
Matz (1928)	F. Matz, Die frühkretischen Siegel (1928)
Matz (1952)	F. Matz, Torsion: eine formenkundliche Untersuchung zur aigaiischen Vorgeschichte (1952)
Möbius (1933)	M. Möbius, Pflanzenbilder der minoischen Kunst in botanischer Betrachtung. JdI 48 (1933) 1ff.
Muenzer (1999)	P. J. Muenzer, Die bildhaften Schriftzeichen des Diskos von Phaistos (1999)

Literaturverzeichnis

Müller (1997)	W. Müller, Kretische Tongefässe mit Meeresdekor: Entwicklung und Stellung innerhalb der feinen Keramik von Spätminoisch I B (1997)
Myres (1895)	J. L. Myres, Proceedings of the Society of Antiquaries of London 3 (1894-95)
Nickelsen (2000)	K. Nickelsen, Wissenschaftliche Pflanzenzeichnungen – Spiegelbilder der Natur? (2000)
Niemeier (1985)	W.-D. Niemeier, Die Palaststilkeramik von Knossos: Stil, Chronologie und historischer Kontext (1985)
Noll (1978)	W. Noll, Material and technique of the minoan ceramics of Thera and Crete. In: Thera and the Aegean World (1978) 493ff.
Ohlenroth (1996)	D. Ohlenrot, Das Abaton des lykäischen Zeus und der Hain der Elaia (1996)
Otto (1997)	B. Otto, König Minos und sein Volk (1997)
Ovid (1968)	Ovid, Metamorphosen. Übersetzt und herausgegeben von E. Rösch (1968)
Pahlow (2001)	M. Pahlow, Das große Buch der Heilpflanzen (2001)
Pendlebury (1939)	J. D. S. Pendlebury, The Archaeology of Crete. An Introduction (1939)
Pernier - Banti (1951)	L. Pernier - L. Banti, Il Palazzo Minoico di Festòs II (1951)
Pernier (1935)	L. Pernier, Il Palazzo Minoico di Festòs I (1935)
Pini (1970)	I. Pini, Die Siegelabdrücke von Phästos. CMS 5 (1970)
Plinius (1995)	Plinius der Ältere, Naturkunde. Herausgegeben und übersetzt von Joachim Hopp (1995)
Pötscher (1990)	W. Pötscher, Aspekte und Probleme der minoischen Religion (1990)
Powell (1996)	J. Powell, Fishing in the prehistoric Aegean (1996)
Praschniker (1921)	C. Praschniker, Kretische Kunst (1921)
Reisinger (1912)	E. Reisinger, Kretische Vasenmalerei vom Kamares- bis zum Palast-Stil (1912)
Riegl (1985)	A. Riegl, Stilfragen: Grundlegungen zu einer Geschichte der Ornamentik (1985)
Sakellarakis (1991)	J. und E. Sakellarakis, Archanes (1991)
Schäfer (1998)	J. Schäfer, Die Archäologie der altägäischen Hochkulturen (1998)
Schiering (1960)	W. Schiering, Steine und Malerei in der minoischen Kunst. JdI 75 (1960) 17ff.
Schiering (1965)	W. Schiering, Die Naturanschauung in der altkretischen Kunst. AntK 8 (1965) 3ff.
Schiering (1992)	W. Schiering, Akustisches in der minoischen Kunst. In: Kotinos. Festschrift für Erika Simon (1992) 1ff.
Schiering (1998)	W. Schiering, Minoische Töpferkunst. Die bemalten Tongefäße der Insel des Minos (1998)
Schrade (1965)	H. Schrade, Die Wirklichkeit des Bildes (1965)
Sfikas (1980)	G. Sfikas, Medizinal-Pflanzen in Griechenland (1980)
Sfikas (1987)	G. Sfikas, Bäume und Sträucher Griechenlands (1987)
Simon (1976)	E. Simon, Die griechischen Vasen (1976)
Snijder (1936)	G. Snijder, Kretische Kunst. Versuch einer Deutung (1936)
Speich (1977)	R. Speich, Kreta: Kunst- und Reiseführer (1977)
Staudenmaier (1969)	O. Staudenmaier, Abstraktion und Gegenständlichkeit in der bildenden Kunst (1969)

Literaturverzeichnis

Stürmer (1985)	V. Stürmer, Schnabelkannen: eine Studie zur darstellenden Kunst in der minoisch-mykenischen Kultur. BCH Supplément XI (1985) 119ff.
Stürmer (1992)	V. Stürmer, MM III. Studien zum Stilwandel der minoischen Keramik (1992)
Tarassow (1993)	L. Tarassow, Symmetrie, Symmetrie! (1993)
Thomas (1992)	C. G. Thomas, Aegean Bronze Age Iconography: Poetic Art? Aegeum 8 (1992) 213ff.
Tzedakis - Alexandrou (1999)	G. Tzedakis - S. Alexandrou, Minoans and Mycenaeans - Flavours of their Time (1999)
Walberg (1976)	G. Walberg, Kamares. A study of the Character of Palatial Middle Minoan Pottery (1976, Nachdruck 1986)
Walberg (1978)	G. Walberg, The kamares style: overall effects (1978)
Walberg (1981)	G. Walberg, Mittelminoische Keramik. Methoden und Probleme. AA (1981) 1ff.
Walberg (1983)	G. Walberg, Provincial Middle Minoan Pottery (1983)
Walberg (1986)	G. Walberg, Tradition and Innovation. Essays in Minoan Art (1986)
Walberg (1988)	G. Walberg, Kamares Imitation in Egypt and Their Social and Economic Implications. In: J. Christiansen - T. Melander, Ancient Greek and Related Pottery (1988) 633ff.
Walberg (1992)	G. Walberg, Minoan Floral Iconography. Aegeum 8 (1992) 241ff.
Waniek (2000)	E. Waniek, Bedeutung? : für eine transdisziplinäre Semiotik (2000)
Warren (1969)	P. Warren, Minoan Stone Vases (1969)
Wohlfeil (1997)	J. Wohlfeil, Die Bildersprache minoischer und mykenischer Siegel (1997)
Worringer (1911)	W. Worringer, Abstraktion und Einfühlung: ein Beitrag zur Stilpsychologie (1911)
Xanthoudides – Branigan (1971)	S. Xanthoudides - K. Branigan, The vaulted tombs of Mesará (1971)
Zatti (2009)	M. Zatti, Raum und Ritus (2009)
Zeitler (1990)	R. Zeitler, Die Kunst des 19. Jahrhunderts. Propyläen Kunstgeschichte (1990)
Zervos (1956)	C. Zervos, L´Art de la Crète neolithique et minoenne (1956)
Zois (1968)	A. Zois, Der Kamares-Stil. Werden und Wesen (1968)

Die Zitate zu Beginn der Kapitel sind zitiert nach:

Pawel Florenski	Die allgemeinmenschlichen Wurzeln des Idealismus (1908). In: P. Florenski, Leben und Denken. Herausgegeben von F. und S. Mierau (o. J.) S. 173.
Martin Heidegger	Das Ding (1950). In: M. Heidegger, Vorträge und Aufsätze (1954) S. 158ff.
Friedrich Schiller	Über die ästhetische Erziehung des Menschen Brief 15 (1795). In: F. Schiller, Sämtliche Werke. Herausgegeben von G. Fricke und H. G. Göpfert (1962).
Johann Wolfgang von Goethe	Maximen und Reflexionen: Kunst und Künstler (postum 1907). In: J. W. von Goethe, Werke. Hamburger Ausgabe Band XII, herausgegeben von E. Trunz (2007) S. 471.
Johann Gottfried Herder	Übers Erkennen und Empfinden in der menschlichen Seele (1778). In: Sturm und Drang. Weltanschauliche und ästhetische Schriften. Herausgegeben von P. Müller (1987) S. 405.
Botho Strauß	Fragmente der Undeutlichkeit (1989) S. 35.

Abbildungsnachweise

Die auf den folgenden Tafeln gegebenen Abbildungen verstehen sich als erste Orientierungshilfe. Es wurden, wenn vorhanden, Aquarellvorlagen gewählt, da sich gerade die Aquarelle der italienischen Grabung in Phaistos im direkten Vergleich mit den Originalen als sehr vertrauenswürdig herausstellten, und auf ihnen Details auch bei Verkleinerung und in Graustufen noch zu erkennen sind. Ich möchte an diesem Punkt nochmals dankbar die *gentile concessione della Scuola Archeologica Italiana di Atene* erwähnen, welche mir zahlreiche Reproduktionen ihrer Abbildungen erlaubte.

	Benannte Motive	Freie Umzeichnungen des Autors
I,1	Photo Kamares-Höhle	Aufnahme des Autors
I,2	Photo Palast von Phaistos	Aufnahme des Autors
I,3	Photo Fragmente aus Kassette 45/14 in Phaistos	Aufnahme des Autors
II,1	Photo Detail Schnabelkanne HM 10073	Aufnahme des Autors
II,2	Photo Detail Ständer HM 18199	Aufnahme des Autors
II,3	Photo Detail Brückenskyphos HM 5798	Aufnahme des Autors
III,1	Photo Krater HM 10580	Levi (1976) Farbtafel XXVIIa
III,2	Photo Schale mit Ständer HM 10578	Levi (1976) Farbtafel XXVIIc
III,3	Aquarell Siebgefäß HM 10585	Levi (1976) Farbtafel XXXc
III,4	Aquarell Stamnos HM 10398	Levi (1976) Farbtafel XXVIIIb
III,5	Aquarell Mischgefäß HM 10561	Levi (1976) Farbtafel LXXIV
III,6	Aquarell Ständer HM 18199	Levi (1976) Farbtafel LXXIX
IV,1	Aquarell Schnabelkanne HM 10073	Levi (1976) Farbtafel XXXa
IV,2	Photo Schnabelkanne HM 5722	Pernier (1935) Textabbildung 134
IV,3	Aquarell Kanne HM 5837	Pernier (1935) Farbtafel XXXI
IV,4	Photo Schnabelkanne HM 10579	Levi (1976) Farbtafel XXVIIb
IV,5	Aquarell hohe Kanne HM 10586	Levi (1976) Farbtafel XXXb
IV,6	Photo hohe Kanne HM 10577	Levi (1976) Tafel 77a
V,1	Aquarell Askos HM 18434	Levi (1976) Farbtafel XLVIb
V,2	Photo Krug F. 499	Levi (1976) Tafel 99a
V,3	Aquarell Krug mit abgesetztem Ausguss HM 5823	Pernier (1935) Farbtafel XXXIV
V,4	Aquarell kugelförmige Kanne HM 7695	Evans II,1 (1964) Farbtafel IXe
V,5	Photo Krug mit abgesetztem Ausguss HM 17987	Levi (1976) Tafel 191d
V,6	Photo Krug HM 10575	Levi (1976) Farbtafel XLb
VI,1	Aquarell Brückenskyphos HM 10104	Levi (1976) Farbtafel XXXVIa
VI,2	Aquarell Brückenskyphos HM 1666	Pernier (1935) Farbtafel XVIIIb
VI,3	Aquarell Brückenskyphos HM 5798	Pernier (1935) Farbtafel XXXV
VI,4	Aquarell Brückenskyphos HM 18197	Levi (1976) Farbtafel LXXVIII
VI,5	Aquarell Brückenskyphos HM 5833	Pernier (1935) Farbtafel XVIa
VI,6	Aquarell Brückenskyphos HM 5834	Pernier (1935) Farbtafel XVIb
VII,1	Photo Brückenskyphos HM 10187	Levi (1976) Tafel 109b
VII,2	Photo Brückenskyphos HM 10549	Levi (1976) Farbtafel XXXIIIc
VII,3	Photo Brückenskyphos HM 10596	Levi (1976) Tafel 108c
VII,4	Photo Brückenskyphos HM 11196	Levi (1976) Farbtafel XIa
VII,5	Photo Brückenskyphos HM 10415	Levi (1976) Tafel 110f
VII,6	Photo Brückenskyphos HM 10269	Levi (1976) Tafel 107d
VIII,1	Aquarell Brückenskyphos HM 9496	Dawkins - Laistner (1913) Farbtafel X unten
VIII,2	Aquarell Brückenskyphos aus der Kamares-Höhle	Dawkins - Laistner (1913) Farbtafel IX oben
VIII,3	Aquarell Brückenskyphos aus der Kamares-Höhle	Dawkins - Laistner (1913) Farbtafel V unten
VIII,4	Aquarell Brückenskyphos F. 2410	Levi (1976) Farbtafel XXXVIb

Abbildungsnachweise

VIII,5	Aquarell Brückenskyphos HM 10152	Levi (1976) Farbtafel XXXIVc
VIII,6	Aquarell Brückenskyphos HM 10153	Levi (1976) Farbtafel XXXIVd
IX,1	Photo Amphore HM 10551	Levi (1976) Farbtafel XXIXb
IX,2	Photo Amphore HM 5835	Pernier (1935) Textabbildung 144
IX,3	Photo Amphore HM 10572	Levi (1976) Tafel 69b
IX,4	Aquarell Amphore HM 1681	Pernier (1935) Farbtafel XXV
IX,5	Photo Amphore HM 2394	Hogarth - Welch (1901) Abbildung 12
IX,6	Aquarell Amphore AM AE. 852	Evans I (1964) Farbtafel VII
X,1	Aquarell Stamnos HM 1680	Pernier (1935) Farbtafel XXXII
X,2	Photo Stamnos HM 10375	Levi (1976) Tafel 170c
X,3	Zeichnung Pithos-Amphore AM AE. 1654	Evans I (1964) Textabbildung 190a
X,4	Aquarell Pithos HM 10679	Levi (1976) Farbtafel LXXIII
X,5	Aquarell Pithos HM 10680	Levi (1976) Farbtafel LXXIIb
X,6	Photo Pithos HM 10573	Levi (1976) Tafel 51b
XI,1	Aquarell Schale HM 8916	Evans IV (1964) Farbtafel XXXB
XI,2	Photo einhenklige Schale HM 10583	Levi (1976) Farbtafel LXVIIa
XI,3	Aquarell kleine Schale HM 18192	Levi (1976) Farbtafel XLIIIb
XI,4	Photo Schüssel HM 18438	Levi (1976) Tafel 191a
XI,5	Aquarell Tablett HM 18593	Levi (1976) Farbtafel LVII
XI,6	Photo Tablett HM 10592	Levi (1976) Tafel 60d
XII,1	Aquarell Tasse HM 6627	Pernier (1935) Farbtafel XXa
XII,2	Aquarell Tasse HM 5797	Pernier (1935) Farbtafel XXXb
XII,3	Aquarell Tasse HM 10078	Levi (1976) Farbtafel LIVc
XII,4	Aquarell Tasse HM 10082	Levi (1976) Farbtafel LIVa
XII,5	Photo Tasse HM 10116	Levi (1976) Tafel 126b
XII,6	Photo Tasse HM 10606	Levi (1976) Tafel 126m
XIII,1	Aquarell Tasse HM 18187	Levi (1976) Farbtafel LIVb
XIII,2	Photo Tasse HM 10632	Levi (1976) Tafel 126l
XIII,3	Aquarell Tasse HM 2690	Evans I (1964) Farbtafel IIa
XIII,4	Photo Tasse HM 8406	Aufnahme des Autor
XIII,5	Aquarell Tasse HM 10569	Levi (1976) Farbtafel XLVIIIc
XIII,6	Aquarell Tasse HM 2692	Evans I (1964) Farbtafel IIc
XIV,1	Photo Tasse HM 10080	Levi (1976) Tafel 131l
XIV,2	Aquarell Tasse HM 10159	Levi (1976) Farbtafel LIIId
XIV,3	Photo Tasse HM 10180	Levi (1976) Tafel 131h
XIV,4	Photo Tasse HM 10416	Levi (1976) Tafel 131m
XIV,5	Aquarell Tasse HM 18188	Levi (1976) Farbtafel LIId
XIV,6	Photo Tasse aus Palaikastro	Aufnahme des Autors
XV,1	Aquarell Miniatur-Amphore HM 10610	Levi (1976) Farbtafel LXVIIb
XV,2	Aquarell Miniatur-Amphore HM 5828	Pernier (1935) Farbtafel XXVIII
XV,3	Photo Miniatur-Amphore HM 21002	Aufnahme des Autors
XV,4	Photo Miniatur-Pithos HM 10567	Levi (1976) Tafel 118g
XV,5	Photo Miniatur-Krug aus Phaistos	Pernier (1935) Textabbildung 111
XV,6	Aquarell Kännchen HM 10555	Levi (1976) Farbtafel XLIVa
XVI,1	Zeichnung Rhyton HM 7699	Evans I (1964) Textabbildung 436C
XVI,2	Aquarell Rhyton F. 1905	Levi (1976) Farbtafel XLVb
XVI,3	Aquarell Rhyton HM 17979	Levi (1976) Farbtafel LXXXIVd
XVI,4	Aquarell Rhyton F. 2592	Levi (1976) Farbtafel LXVIIIa
XVI,5	Photo Rhyton HM 17988	Levi (1976) Farbtafel LXXXIb
XVI,6	Photo Rhyton HM 10565	Levi (1976) Tafel 148c

Abbildungsnachweise

XVII,1	Photo Fragment HM 5757	Aufnahme des Autors
XVII,2	Photo Fragment aus KSM # 323	Aufnahme des Autors
XVII,3	Photo Fragment aus KSM # 329 Außenseite	Aufnahme des Autors
XVII,4	Photo Fragment aus KSM # 329 Innenseite	Aufnahme des Autors
XVII,5	Photo Rituelles Gerät aus Phaistos	Pernier (1935) Textabbildung 106
XVII,6	Photo Rituelles Gerät aus Phaistos	Aufnahme des Autors
XVIII,1	Photo Vase HM 1673	Aufnahme des Autors
XVIII,2	Photo kleiner Becher HM 8853	Aufnahme des Autors
XVIII,3	Photo Tasse HM 7696	Aufnahme des Autors
XVIII,4	Photo Tasse im Archäologischen Museum Chania	Aufnahme des Autors
XVIII,5	Photo Skyphos HM 10683	Aufnahme des Autors
XVIII,6	Photo Krug mit abgesetztem Ausguss HM 14275	Aufnahme des Autors

Übersicht der benannten Motive

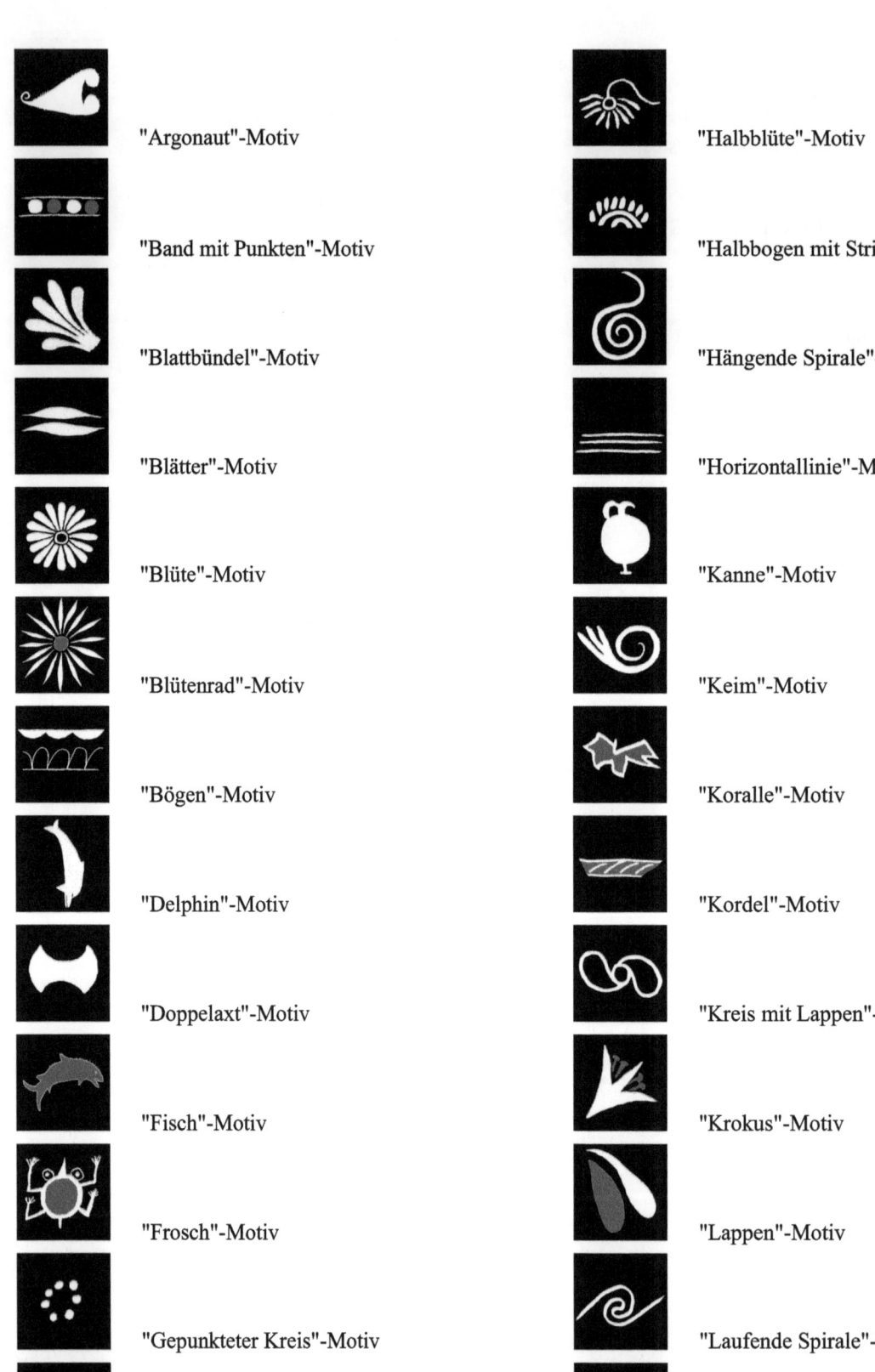

"Argonaut"-Motiv

"Band mit Punkten"-Motiv

"Blattbündel"-Motiv

"Blätter"-Motiv

"Blüte"-Motiv

"Blütenrad"-Motiv

"Bögen"-Motiv

"Delphin"-Motiv

"Doppelaxt"-Motiv

"Fisch"-Motiv

"Frosch"-Motiv

"Gepunkteter Kreis"-Motiv

"Geschwungenes Dreieck"-Motiv

"Girlande"-Motiv

"Halbblüte"-Motiv

"Halbbogen mit Strichen"-Motiv

"Hängende Spirale"-Motiv

"Horizontallinie"-Motiv

"Kanne"-Motiv

"Keim"-Motiv

"Koralle"-Motiv

"Kordel"-Motiv

"Kreis mit Lappen"-Motiv

"Krokus"-Motiv

"Lappen"-Motiv

"Laufende Spirale"-Motiv

"Lilie"-Motiv

"Menschengestalt"-Motiv

Übersicht der benannten Motive

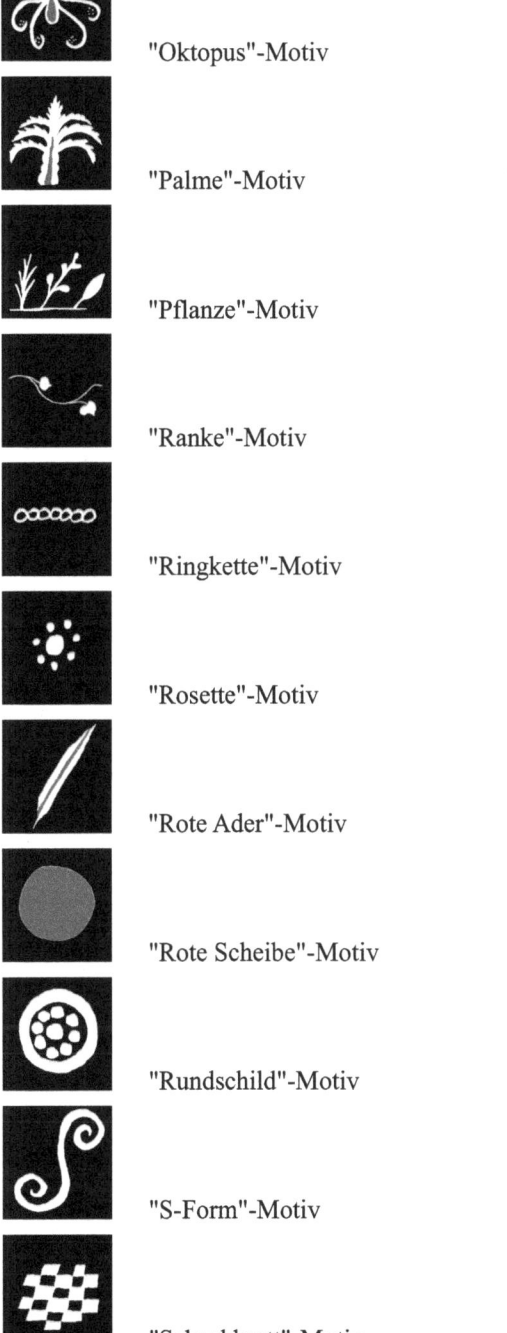

"Muschel"-Motiv

"Myrte"-Motiv

"Oktopus"-Motiv

"Palme"-Motiv

"Pflanze"-Motiv

"Ranke"-Motiv

"Ringkette"-Motiv

"Rosette"-Motiv

"Rote Ader"-Motiv

"Rote Scheibe"-Motiv

"Rundschild"-Motiv

"S-Form"-Motiv

"Schachbrett"-Motiv

"Spirale mit Dreiecksfläche"-Motiv

"Strandnarzisse"-Motiv

"Verbindungslinie"-Motiv

"Wasser"-Motiv

"Wellenband"-Motiv

"Wildziege"-Motiv

"Zweifarbige Scheibe"-Motiv

"Zweig"-Motiv

"Zwei Kreise"-Motiv

Tafel I

1. Eingang der Kamares-Höhle auf der Südseite des Ida-Gebirges in Zentralkreta

2. Blick vom Westhof des Palastes von Phaistos in Richtung der Kamares-Höhle, die eine gute Fußtagesreise entfernt liegt und deren Öffnung man bei klarer Sicht von Phaistos aus erkennen kann

3. Zusammenstellung von Fragmenten der "Kamares"-Ware aus Kassette 45/14 des Stratigraphischen Museums Phaistos nit "Palme"-Motiv und "Zweifarbige Scheibe"-Motiv

Tafel II

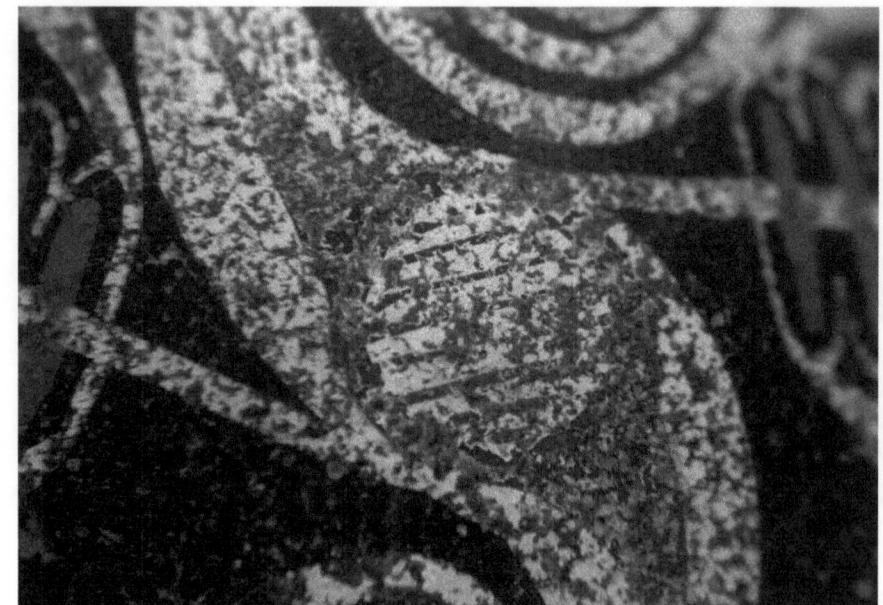

1. Detailaufnahme von Schnabelkanne HM 10073 (TAFEL IV,1) mit zweifachem Rot: Tongrund und aufgetragene Schraffur

2. Detailaufnahme von Ständer HM 18199 (TAFEL III,6) mit "Koralle"-Motiv und "Wellenband"-Motiv, sowie echten Muscheln

3. Detailaufnahme von Brückenskyphos HM 5798 (TAFEL VI,3) mit materialzitierendem "Spirale mit Dreiecksfläche"-Motiv, Punktband und geritzten Einzelspiralen

Tafel III

1. Krater HM 10578

2. Schale mit Ständer HM 10580

3. Siebgefäß HM 10585

4. Stamnos HM 10398

5. Mischgefäß HM 10561

6. Ständer HM 18199

Tafel IV

1. Schnabelkanne HM 10073

2. Schnabelkanne HM 5722

3 Kanne HM 5837

4. Schnabelkanne HM 10579

5. hohe Kanne HM 10586

6. hohe Kanne HM 10577

Tafel V

1. Askos HM 18434

2. Krug F. 499

3. Krug mit abgesetztem Ausguss HM 5823

4. kugelförmige Kanne HM 7695

5. Krug mit abgesetztem Ausguss HM 17987

6. Krug HM 10575

Tafel VI

1. Brückenskyphos HM 10104

2. Brückenskyphos HM 1666

3. Brückenskyphos HM 5798

4. Brückenskyphos HM 18197

5. Brückenskyphos HM 5833

6. Brückenskyphos HM 5834

Tafel VII

1. Brückenskyphos HM 10187

2. Brückenskyphos HM 10549

3. Brückenskyphos HM 10596

4. Brückenskyphos HM 11196

5. Brückenskyphos HM 10415

6. Brückenskyphos HM 10269

Tafel VIII

1. Brückenskyphos HM 9496

2. Brückenskyphos aus der Kamares-Höhle

3. Brückenskyphos aus der Kamares-Höhle

4. Brückenskyphos F. 2410

5. Brückenskyphos HM 10152

6. Brückenskyphos HM 10153

Tafel IX

1. Amphore HM 10551

2. Amphore HM 5835

3. Amphore HM 10572

4. Amphore HM 1681

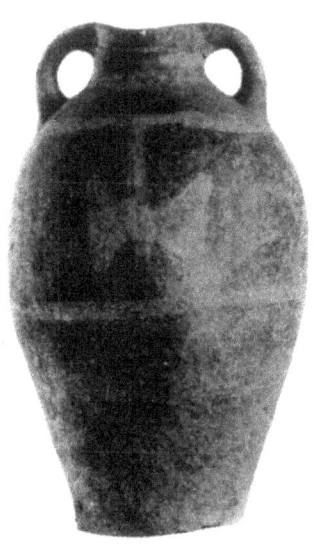

5. Amphore HM 2394

6. Amphore AM AE. 852

Tafel X

1. Stamnos HM 1680

2. Stamnos HM 10375

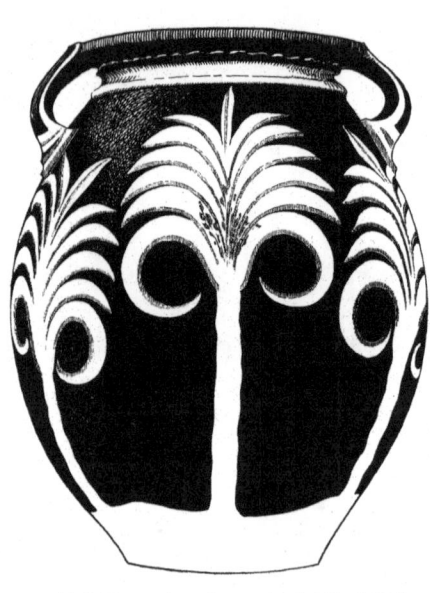

3. Pithos-Amphore AM AE. 1654

4. Pithos HM 10679

5. Pithos HM 10680

6. Pithos HM 10573

Tafel XI

1. Schale HM 8916

2. einhenklige Schale HM 10583

3. kleine Schale HM 18192

4. Schüssel HM 18438

5. Tablett HM 18593

6. Tablett HM 10592

Tafel XII

1. Tasse HM 6627

2. Tasse HM 5797

3. Tasse HM 10078

4. Tasse HM 10082

5. Tasse HM 10116

6. Tasse HM 10606

Tafel XIII

1. Tasse HM 18187

2. Tasse HM 10632

3. Tasse HM 2690

4. Tasse HM 8406

5. Tasse HM 10569

6. Tasse HM 2692

Tafel XIV

1. Tasse HM 10080

2. Tasse HM 10159

3. Tasse HM 10180

4. Tasse HM 10416

5. Tasse HM 18188

6. Tasse aus Palaikastro

Tafel XV

1. Miniatur-Amphore HM 10610

2. Miniatur-Amphore HM 5828

3. Miniatur-Amphore HM 21002

4. Miniatur-Pithos HM 10567

5. Miniatur-Krug aus Phaistos

6. Kännchen HM 10555

Tafel XVI

1. Rhyton HM 7699

2. Rhyton F. 1905

3. Rhyton HM 17979

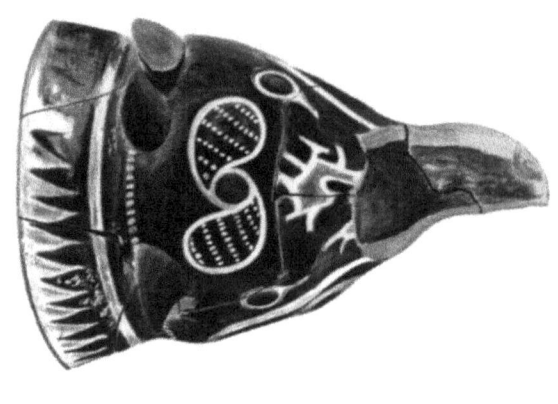

4. Rhyton F. 2592

5. Rhyton HM 17988

6. Rhyton HM 10565

Tafel XVII

1. Fragment HM 5757

2. Fragment aus KSM # 323

3. Fragment aus KSM #329 Außenseite

4. Fragment aus KSM # 329 Innenseite

5. Rituelles Gerät aus Phaistos

6. Rituelles Gerät aus Phaistos

Tafel XVIII

1. Vase HM 1673

2. kleiner Becher HM 8853

3. Tasse HM 7696

4. Tasse im Archäologischen Museum Chania

5. Skyphos HM 10683

6. Krug mit abgesetztem Ausguss HM 14275

www.ingramcontent.com/pod-product-compliance
Lightning Source LLC
Chambersburg PA
CBHW061549010526
44115CB00023B/2995